KEILA DIER

SEJA INSPIRAÇÃO

Por uma liderança humana, que impacte pessoas, gere resultados e construa legado

© KEILA DIER, 2025
© BUZZ EDITORA, 2025

Publisher **ANDERSON CAVALCANTE**
Coordenadora editorial **DIANA SZYLIT**
Editor-assistente **NESTOR TURANO JR.**
Analista editorial **ÉRIKA TAMASHIRO**
Estagiária editorial **BEATRIZ FURTADO**
Edição de texto **ALINE GRAÇA**
Preparação **GIOVANNA CALEIRO**
Revisão **TÁSSIA CARVALHO**
Consultora textual **DALILA MAGARIAN**
Projeto gráfico e diagramação **EDUARDO OKUNO**
Capa **NAYARA FERREIRA**
Assistente de design **LETÍCIA DE CÁSSIA**

Nesta edição, respeitou-se o novo Acordo Ortográfico da Língua Portuguesa.

Dados Internacionais de Catalogação na Publicação (CIP)
(Câmara Brasileira do Livro, SP, Brasil)

Dier, Keila
    Seja inspiração : por uma liderança humana, que
impacte pessoas, gere resultados e construa legado /
Keila Dier. — 1ª ed. — São Paulo : Buzz Editora, 2025.

    ISBN 978-65-5393-459-7

    1. Desenvolvimento profissional 2. Gestão de
negócios 3. Liderança 4. Resultados 5. Sucesso I.
Título.

25-266823   CDD-658.4

Índice para catálogo sistemático:
1. Liderança : Comportamento organizacional :
Administração 658.4

Eliete Marques da Silva - Bibliotecária - CRB-8/9380

Todos os direitos reservados à:
Buzz Editora Ltda.
Av. Paulista, 726, Mezanino
CEP 01310-100, São Paulo, SP
[55 11] 4171 2317
www.buzzeditora.com

Dedico este livro ao pilar que me sustenta: minha família. Aos meus pais, Lauro e Ivete, que me ensinaram os valores que guiam minha vida. Meu pai, inspiração e exemplo de liderança visionária. Minha mãe, que, com coragem e sabedoria, me ensinou o equilíbrio entre força e leveza. Ao meu esposo, Eraldo, amor da minha vida, meu maior apoiador e incentivador, e meu companheiro há 25 anos. Às minhas filhas, Letícia e Milena, as maiores obras da minha vida, que me ensinaram a versão mais pura e profunda do amor. Sem vocês, nada disso seria possível.

E a você, leitor, que dedica seu tempo valioso a esta obra.

Sumário

Agradecimentos.. 9

Prefácio 11

Introdução.. 15

Capítulo 1
**Primeiro pilar: Autoconsciência — O alicerce
da liderança inspiradora**... 17

Capítulo 2
**Segundo pilar: Empatia como estratégia
de liderança**.. 41

Capítulo 3
**Terceiro pilar: Comunicação — A estratégia
de liderar além das palavras**.. 57

Capítulo 4
Quarto pilar: O tripé da liderança humanizada 75

Capítulo 5
**Quinto pilar: Segurança psicológica, inclusão
e diversidade** 101

Capítulo 6
**Sexto pilar: O cérebro da liderança —
A neurociência a serviço do líder humano**................... 119

Capítulo 7
Sétimo pilar: Legado e herança 141

Conclusão 153

Bibliografia.. 157

Agradecimentos

Inspirada na sabedoria popular que diz que sozinhos vamos mais rápido, mas juntos vamos mais longe, reconheço que minha trajetória só foi possível graças às mãos que se entrelaçaram às minhas, formando uma corrente de aprendizado e evolução. Sou grata primeiro a Deus, pela sabedoria e orientação na minha jornada, aos professores, amigos, colegas, mentores e todos que contribuíram para meu crescimento. Meu agradecimento especial vai a cada colaborador que fez ou faz parte das nossas empresas, por me impulsionar a ser melhor e a servir com propósito. Minha mais profunda gratidão!

Prefácio

O que faz uma pessoa ser seguida?

Será a força? A inteligência? O carisma? Ou talvez a capacidade de tomar decisões rápidas e certeiras?

A resposta não está no que um líder FAZ, mas no que ele TRANSMITE.

Já testemunhamos líderes que, mesmo sem um cargo formal, mobilizam pessoas com sua presença, enquanto outros, mesmo com títulos de alto nível, falham a inspirar. Por quê? Porque liderança não é sobre poder, mas sobre influência genuína.

Todos nós já estivemos em um ambiente onde, sem dizer uma palavra, alguém dominava a sala. Era sua energia, sua presença, a forma como sua comunicação ia além das palavras. Mas também já vimos o oposto: pessoas em cargos de liderança, mas sem nenhuma conexão real com sua equipe.

Aqui está a verdade desconfortável: líderes não são definidos pelo cargo que ocupam, mas pela percepção que criam. E essa percepção nasce da forma como eles se comunicam.

Conheço Keila Dier há anos. Muito antes de escrever este livro, ela já era uma líder.

Não porque queria ser, mas porque as pessoas confiavam nela. Não porque impunha sua vontade, mas porque inspirava pelo exemplo.

Keila sempre teve algo raro: congruência. Aquela comunicação que não vacila, que transmite autoridade sem agressividade, que carrega respeito sem exigir reconhecimento.

Líder que grita não lidera. Quanto mais alguém sente a necessidade de elevar o tom para ser ouvido, menos autoridade real ele tem. Keila nunca precisou disso. Sua liderança vem da clareza, da segurança e do respeito que constrói em cada interação.

Mas essa clareza não vem do acaso. Ela veio do conhecimento, da experiência e, principalmente, do desejo inabalável de crescer e transformar.

Ao longo dos anos, tive a honra de acompanhar sua evolução. Agora, você tem a chance de fazer o mesmo.

Na minha visão, este livro é para líderes de verdade.

Este livro não é mais um manual genérico sobre liderança. Ele é um convite — e um desafio.

Aqui, Keila Dier não apenas ensina sobre liderança. Ela desmonta crenças ultrapassadas, expõe o que realmente funciona e mostra como poucos dominam a arte de liderar com inteligência e estratégia.

Os conceitos que você encontrará nestas páginas não são teoria vazia. São princípios que moldam grandes líderes e impulsionam empresas rumo ao sucesso sustentável.

Keila apresenta pilares fundamentais para essa jornada:

1. Autoconsciência — A base de toda liderança inspiradora. Sem conhecer a si mesmo, um líder jamais poderá inspirar as outras pessoas.
2. Empatia — Liderar não é apenas orientar; é transformar pela compreensão real das pessoas.
3. Comunicação eficaz — Não basta ter conhecimento. É preciso saber transmitir sua visão com clareza, impacto e humanidade.

Uma frase que escrevi e que se encaixa perfeitamente neste contexto:

"Primeiro você precisa saber quem você é para descobrir quem você pode ser."

Este livro não é para aqueles que se contentam com o básico.

Ele é para quem deseja romper barreiras, desafiar o *status quo* e liderar de verdade.

O jogo da liderança está sempre em movimento. Aqueles que não se adaptam, ficam para trás. Aqueles que se acomodam, tornam-se irrelevantes. E aqueles que não dominam a arte da comunicação e da influência, passam a vida sendo liderados por outros.

O que você vai fazer? Você pode continuar delegando, cobrando e esperando que o tempo resolva suas falhas como líder. Ou pode absorver o que este livro ensina e se tornar alguém que molda o próprio destino.

A escolha está diante de você. E essa jornada começa agora.

Ricardo Voz,
estrategista em comunicação assertiva e mentor
de grandes marcas, líderes e celebridades

Introdução

Sabe aqueles momentos em que a gente sente, de verdade, o peso e a grandeza de liderar? Quando os olhares se voltam para nós em busca de respostas e percebemos que, no fundo, liderança não é saber tudo, mas sim saber perguntar. É enxergar além do que é dito, sentir além do que é mostrado e criar conexões reais com as pessoas ao nosso redor.

Ao longo da minha carreira, entendi que ser líder não significa carregar tudo sozinho. Na realidade, a verdadeira força está em compartilhar vulnerabilidades, em permitir-se ser humano antes de qualquer título. Liderança não é apenas delegar ou tomar decisões estratégicas — é tocar e ser tocado pelas histórias de quem caminha com a gente, reconhecendo que nenhuma conquista é solitária.

Este livro é um convite que faço a você para olhar a liderança de um jeito diferente, mais próximo, mais real e também mais estratégico. Quero dividir com você um olhar que valoriza a escuta atenta, a presença verdadeira e a ação consciente, trazendo estratégias concretas que transformam a maneira como lideramos e nos relacionamos. Não importa se você está há anos nesse caminho ou se acabou de começar. O que realmente faz a diferença é estar disposto a liderar com intenção, aplicando métodos que funcionam de fato para criar equipes engajadas, ambientes saudáveis e resultados sustentáveis.

E o que torna essa abordagem ainda mais especial? Os pilares apresentados neste livro não são apenas fruto da minha vivência como líder, mas também foram validados pelo *Systems and Engineering Leadership Program* (SELP) da Nasa, um dos mais avançados programas de liderança do mundo. Ao participar desse treinamento, tive a oportunidade de aprofundar conceitos essenciais sobre como a liderança eficaz vai além da tomada de decisões técnicas. A agência espacial ensina que um líder precisa integrar inteligência emocional, comunicação eficiente e segurança psicológica para conduzir equipes de alta performance — princípios que venho aplicando na minha jornada como líder há 25 anos e que compartilho com você ao longo destas páginas.

Porque liderar é um equilíbrio constante entre força e vulnerabilidade, entre razão e emoção. É um caminho de autoconhecimento, uma vez que só conseguimos guiar os outros quando realmente estamos dispostos a entender e guiar a nós mesmos.

O olhar feminino que permeia estas páginas não é um olhar exclusivo às mulheres. Pelo contrário, é um convite que faço a todos os líderes, para que considerem um jeito mais conectado e consciente de liderar. Um jeito que entende que, no fim das contas, o que realmente importa são as pessoas. Porque nossa missão mais importante sempre será transformar vidas — começando pela nossa.

Aqui, você não vai encontrar fórmulas mágicas ou atalhos fáceis. Mas vai encontrar caminhos que pedem coragem, autenticidade e um compromisso verdadeiro com o crescimento de todos ao seu redor.

E, se eu puder lhe desejar algo nessa jornada, que seja isto: que este livro o inspire a liderar com mais coração, mais leveza e, acima de tudo, mais humanidade, para resultados consistentes e de longo prazo.

Keila Dier

CAPÍTULO 1

PRIMEIRO PILAR:

Autoconsciência — O alicerce da liderança inspiradora

O líder do presente é aquele que possui a coragem de enfrentar a própria verdade.

Cada líder carrega consigo histórias que moldaram sua visão e suas escolhas. As minhas começaram bem cedo, no meu primeiro emprego, quando eu ainda tentava entender o que significava realmente ser líder. Não se tratava apenas de um título ou cargo, mas da responsabilidade que vem ao estar à frente de outras vidas, de pessoas que confiam na orientação de quem os guia.

Naquela época, eu observava mais do que falava. Sentada em um canto da sala, vi coisas que não fazia ideia de que existiam no mundo corporativo. Uma cena, em particular, permanece vívida em minha mente: meu chefe, no centro da sala, em plena exibição de poder, transformando um erro simples de uma colaboradora em um espetáculo humilhante. As palavras dele cortavam o ar como lâminas, e o silêncio da equipe era ensurdecedor. A pobre moça, imóvel, com as lágrimas silenciosas escorrendo pelo rosto, não teve a oportunidade de se defender. Ela, como todos nós, estava atada às regras não ditas daquele ambiente — a mudez diante da autoridade.

Eu, ainda tão jovem, absorvi aquela cena com um misto de incredulidade e tristeza. Minha primeira experiência no mundo corporativo foi como um balde de água fria sobre o que eu havia aprendido em casa com relação a valores e respeito. Meu pai sempre dizia que a base de qualquer relacionamento, profissional ou pessoal, era o respeito mútuo. E ali, naquela empresa, parecia que isso não existia. O que eu estava vendo não era liderança — era autoritarismo disfarçado de comando.

Essa experiência me marcou profundamente, mas também me trouxe uma lição valiosa. Aprendi que, para liderar de verdade, é preciso se conhecer profundamente. Não se trata apenas de entender suas forças e fraquezas, mas de saber o que você valoriza, o que o motiva e o que está disposto a defender, mesmo quando ninguém está olhando. Essa autoconsciência dos meus valores foi o que me levou a decidir que não poderia mais fazer parte de um ambiente onde as pessoas eram tratadas apenas como números, como engrenagens de uma máquina.

Ao refletir sobre esse episódio, percebo como ele moldou minha visão de liderança. Desde então, venho estudando e buscando entender mais sobre o que torna um líder eficaz, e sempre chego à mesma conclusão: tudo começa com o conhecimento de si mesmo. A autoconsciência é a base sobre a qual todas as outras habilidades de liderança são construídas.

Mas o que exatamente é autoconsciência? É a capacidade de se observar, de reconhecer suas emoções, pensamentos e comportamentos, e entender como eles afetam a si mesmo e aos outros. É estar consciente de suas motivações internas e de como elas influenciam suas decisões e ações. Quando um líder é autoconsciente, ele é capaz de agir de maneira coerente com seus valores, mesmo em situações de alta pressão.

A autoconsciência é a chave para uma liderança autêntica. Um verdadeiro líder é aquele que, ao levantar da cama todas as manhãs, calça os chinelos da humildade e se prepara para mais um dia de aprendizado. É preciso ter a consciência de que os conhecimentos e os saberes que o trouxeram até ali não serão suficientes para garantir seu progresso. Para alcançar o sucesso que tanto almeja, é essencial realinhar constantemente seus saberes internos.

Para mim, um exemplo inspirador de autoconsciência em liderança pode ser encontrado em Satya Nadella, CEO da Microsoft. Quando assumiu o comando da empresa, em 2014, Nadella trouxe uma nova abordagem, focada na empatia e no crescimento pessoal. Ele mesmo destacou: "Tornar-me pai de um filho com necessidades especiais foi o ponto de virada na minha vida que moldou quem sou hoje".[1] Essa experiência pessoal profunda influenciou diretamente sua visão de liderança, fazendo com que priorizasse a empatia e o entendimento nas relações dentro da Microsoft. E a mudança foi crucial para

---

1 NADELLA, Satya. "O momento que mudou nossas vidas para sempre". *LinkedIn*, 21 out. 2017. Disponível em: https://www.linkedin.com/pulse/moment-forever-changed-our-lives-satya-nadella/. Acesso em: 2 abr. 2025.

transformar a cultura da empresa, promovendo uma mentalidade de crescimento que revitalizou a organização.

Outra figura notável é Ruth Bader Ginsburg, ex-juíza da Suprema Corte dos Estados Unidos. Ginsburg era conhecida por sua clareza de propósito e autoconsciência. Ela sempre reconheceu as limitações impostas por seu gênero, mas, em vez de deixar que elas definissem seu caminho, usou essa autoconsciência para se tornar uma defensora incansável dos direitos das mulheres e da igualdade. Sua habilidade de entender as próprias experiências e de traduzi-las em uma visão maior para a justiça social fez dela uma líder transformadora.

Quando desenvolvemos a autoconsciência, estamos, de certa forma, reprogramando nosso cérebro. A neurociência nos ajuda a entender por que a autoconsciência é tão poderosa. O cérebro humano tem uma tendência natural a operar no modo automático, baseado em padrões de comportamento que desenvolvemos ao longo da vida. Esse modo automático pode ser útil em muitas situações, mas também pode nos levar a repetir comportamentos que não são mais eficazes ou saudáveis. Em vez de reagir automaticamente a estímulos externos, devemos aprender a dar uma pausa, a refletir e a escolher a melhor resposta. Esse processo envolve o córtex pré-frontal, a parte do cérebro responsável pelo pensamento crítico, pela tomada de decisões e pelo controle emocional. Quanto mais treinamos nossa autoconsciência, mais forte essa parte do cérebro se torna, o que nos ajuda a nos tornarmos líderes mais eficazes e equilibrados.

Como diz Simon Sinek: "Cem por cento dos nossos colaboradores são pessoas, cem por cento dos nossos clientes são pessoas. Portanto, se você não entender de pessoas, você não entende de negócios". A autoconsciência é o ponto de partida para entender e liderar pessoas de forma eficaz. Sem ela, não há como criar conexões verdadeiras, inspirar confiança ou promover um ambiente onde todos possam prosperar.

Se você deseja desenvolver sua autoconsciência como líder, comece por si mesmo, fazendo algumas perguntas fundamentais:

- Quais são os meus valores mais profundos? Como eles se refletem nas minhas ações diárias?
- Como lido com o estresse e a pressão? Minhas reações são consistentes com a pessoa que desejo me tornar?
- De que maneira minhas emoções influenciam minhas decisões? Estou consciente desse impacto?
- Como sou percebido pelos outros?
- Minha visão de mim mesmo está alinhada com a percepção da minha equipe?
- Eu gostaria de ter a mim como líder?

Essas perguntas são apenas o começo. Ao longo de muitos anos como líder, aprendi que a autoconsciência é uma jornada contínua de autodescoberta. É sobre estar disposto a olhar para dentro, a se questionar e, quando necessário, a mudar. Como líderes, é nossa responsabilidade não apenas guiar os outros, mas também liderar a nós mesmos com integridade e autenticidade. Quanto mais você se conhece, mais preparado estará para enfrentar os desafios da liderança com coragem e confiança.

Todos nós somos resultado de uma longa jornada que se iniciou no instante em que fomos concebidos e continua até o momento atual de cada um. Começamos a ser moldados pela genética e pelo nosso sistema familiar. Em seguida, vêm aspectos sociais e pressões culturais. Segundo a neurociência, um fator fundamental na modelagem do ser humano é o ambiente em que estamos inseridos. Portanto, se o ambiente nos molda, nós também ajudamos a criar o ambiente, e assim auxiliamos na modelagem de outros seres humanos.

É fundamental entendermos, nesse processo, que todos nós possuímos inúmeras características que ajudam a formar nosso perfil de personalidade. Quando tomamos conhecimento dessas características, temos o poder de realizar transições e nos transformar. Somos inocentes, comuns, guerreiros, sábios, cuidadores, vilões, mágicos, poderosos, rebeldes e loucos. Enfim, temos um oceano gigante dentro de nós. E, quando começamos a entender para onde queremos ir e aonde queremos chegar, passamos a prestar mais atenção na direção em que os ventos sopram e aprendemos a direcionar melhor nosso barco.

Lembro-me de um momento em minha própria carreira em que percebi que estava permitindo que o medo de fracassar me impedisse de tomar decisões ousadas. Esse medo, embora natural, estava limitando meu potencial e o da minha equipe. Foi apenas quando me permiti reconhecer e confrontar esse sentimento que fui capaz de tomar as decisões necessárias para avançar. Essa autoconsciência não só me ajudou a superar um bloqueio pessoal, mas também serviu de exemplo para minha equipe, mostrando que o crescimento, muitas vezes, envolve desconforto e vulnerabilidade.

A autoconsciência e o desenvolvimento de competências comportamentais são de grande relevância para aprimorar nossa liderança e, consequentemente, os resultados nas organizações. Aqui está uma explicação de como isso acontece:

- Reconhecimento das emoções: a autoconsciência nos ajuda a identificar e compreender nossas próprias emoções. Ao saber como nos sentimos, conseguimos gerenciar melhor nossas reações e decisões, o que leva a uma comunicação mais clara e eficaz.
- Empatia: compreender nossas próprias emoções facilita a empatia. Um líder empático é capaz de se conectar com sua equipe, compreendendo suas necessidades e seus desafios. Isso cria um ambiente de trabalho mais colaborativo e motivador.
- Tomada de decisões consciente: líderes autoconscientes são mais propensos a tomar decisões informadas e equi-

libradas. Eles não apenas avaliam os dados, mas também consideram o impacto emocional de suas decisões na equipe, levando a resultados mais positivos.

- Resiliência: a autoconsciência promove resiliência. Líderes que entendem suas forças e fraquezas podem enfrentar desafios com mais confiança e adaptabilidade, inspirando suas equipes a fazer o mesmo.
- Cultura organizacional: líderes que cultivam a autoconsciência e competências emocionais tendem a criar uma cultura organizacional mais saudável. Isso resulta em maior satisfação e maior engajamento dos colaboradores, o que, por sua vez, melhora a produtividade, a retenção de talentos e o resultado das empresas.
- Desenvolvimento contínuo: a busca pelo autoconhecimento é um processo contínuo. Líderes que se comprometem com esse desenvolvimento estão mais abertos ao feedback e à aprendizagem, o que lhes permite evoluir e se adaptar às mudanças do mercado e inspirar as pessoas que estão ao seu redor a fazer o mesmo.

Ao integrar autoconsciência e competências emocionais à sua prática de liderança, os líderes não apenas melhoram as próprias habilidades, mas também criam um ambiente que promove o crescimento e a eficácia organizacional. Essa abordagem holística pode, portanto, produzir resultados superiores e um impacto positivo nas organizações, inclusive no aumento da lucratividade.

Esse é um caminho sem volta; quando iniciamos o processo, não queremos mais parar, pois os resultados, tanto na vida pessoal quanto na profissional, começam a aparecer. Entendemos que o propósito de vida é servir e nos tornarmos pessoas melhores.

Ter o poder de ser o capitão ou a capitã do nosso próprio barco é extremamente gratificante, pois nos permite navegar com firmeza e segurança, guiando e orientando a tripulação a bordo.

A DESCOBERTA DO SEU ARQUÉTIPO DE LIDERANÇA

Tentar identificar o arquétipo que mais se aproxima do seu estilo de liderança pode ser um caminho revelador para o autoconhecimento. A psicologia dos arquétipos, desenvolvida por Carl Gustav Jung, sugere que certos padrões universais de comportamento influenciam a forma como nos relacionamos com o mundo e com as pessoas ao nosso redor. Ao entender qual arquétipo reflete suas atitudes e seus valores como líder, você pode explorar suas forças, reconhecer suas fraquezas e desenvolver uma abordagem mais equilibrada e eficaz. A autoconsciência adquirida com esse processo pode ser a chave para aprimorar a forma como você influencia e inspira seus times, trazendo benefícios tanto no ambiente profissional quanto na vida pessoal.

Além dos arquétipos psicológicos, também existem estilos de liderança amplamente reconhecidos, como Líder Visionário, Coach (treinador, aquele que auxilia as pessoas a aprender e alcançar seus objetivos), Transformacional e Democrático. A verdadeira sinergia ocorre quando você alinha essas duas vertentes — os padrões psicológicos e os estilos práticos de liderança — para maximizar o impacto. Quando as combinamos, a liderança se torna mais rica e adaptável aos desafios e às oportunidades que surgem no dia a dia de qualquer organização.

Para líderes mulheres, essa descoberta é especialmente importante, pois permite abraçar tanto os desafios quanto as oportunidades que enfrentamos em nossa jornada. A autoconsciência não apenas nos empodera, como fortalece nossa confiança ao liderar equipes diversas e ao lidar com pressões que muitas vezes nos exigem resiliência e, ao mesmo tempo, sensibilidade. Descobrir seu arquétipo e estilo de liderança pode ser a chave para equilibrar as demandas de uma carreira de sucesso com a vida pessoal, uma questão que muitas mulheres enfrentam diariamente.

A seguir, descrevo os principais arquétipos de liderança inspirados pela psicologia junguiana, cada um com suas características e desafios.

1. **O Líder Sábio (O arquétipo do Sábio)**

   O **Líder Sábio** é movido pela busca constante por conhecimento e pela compreensão profunda das coisas. Ele acredita que a liderança eficaz vem da sabedoria, e seu foco é resolver problemas de forma analítica e ponderada. O Sábio é aquele que inspira confiança na equipe por meio de sua capacidade de trazer soluções com base em uma visão ampla e esclarecida. Seu maior desafio, no entanto, é evitar se distanciar emocionalmente da equipe, confiando demais na lógica e pouco na intuição e nas relações interpessoais.

   Pontos fortes: visão estratégica, profundo conhecimento, capacidade de análise.

   Desafios: pode parecer distante ou excessivamente racional.

   Exemplo de Líder Sábio: Warren Buffett, conhecido por sua abordagem ponderada e orientada pelo conhecimento no mundo dos negócios e dos investimentos.

2. **O Líder Herói (O arquétipo do Herói)**

   O **Líder Herói** é impulsionado pela necessidade de superar desafios e proteger a equipe. Ele é corajoso, decidido e movido por um forte senso de responsabilidade. O Herói está sempre disposto a enfrentar adversidades e é frequentemente aquele que está na linha de frente, liderando pelo exemplo. No entanto, seu desejo de "salvar o dia" pode levá-lo a assumir mais responsabilidades do que deveria, o que pode causar sobrecarga e impedir o desenvolvimento da equipe.

   Pontos fortes: coragem, determinação, liderança pelo exemplo.

Desafios: tendência a se sobrecarregar e a centralizar decisões.

Exemplo de Líder Herói: Nelson Mandela, que enfrentou desafios aparentemente insuperáveis em sua luta contra o apartheid e liderou com força e determinação.

3. O Líder Cuidador (O arquétipo do Cuidador)

O **Líder Cuidador** é o protetor da equipe. Ele se preocupa profundamente com o bem-estar dos colaboradores e se dedica a criar um ambiente de segurança e apoio. O Cuidador acredita que, ao nutrir e proteger os membros da equipe, eles poderão alcançar seu potencial máximo. Esse líder frequentemente assume o papel de mentor, guiando e apoiando os outros em suas jornadas. Seu maior desafio é aprender a estabelecer limites para não sacrificar as próprias necessidades em prol dos outros.

Pontos fortes: empatia, habilidade de mentor, suporte emocional.

Desafios: dificuldade em colocar limites, pode se sobrecarregar.

Exemplo de Líder Cuidador: Jacinda Ardern, ex-primeira-ministra da Nova Zelândia, conhecida por sua abordagem empática e protetora durante crises como a pandemia de covid-19.

4. O Líder Rebelde (O arquétipo do Rebelde)

O **Líder Rebelde** é o inovador, sempre questionando o *status quo* e desafiando as normas estabelecidas. Ele acredita que o progresso vem por meio da ruptura com o convencional e da busca por novas formas de fazer as coisas. O Rebelde inspira sua equipe a pensar fora da caixa e a romper barreiras. Seu maior desafio é evitar a anarquia; sua tendência de confrontar o sistema pode criar instabilidade, se não for equilibrada com uma visão clara e estruturada de mudança.

Pontos fortes: inovação, coragem para questionar, capacidade de inspirar mudança.

Desafios: pode ser visto como imprevisível ou desestabilizador.

Exemplo de Líder Rebelde: Elon Musk, que revolucionou setores como o automotivo e o aeroespacial com suas ideias ousadas e a disposição de romper com as normas estabelecidas.

5. O Líder Explorador (O arquétipo do Explorador)

O **Líder Explorador** é movido pela curiosidade e pela busca de novos horizontes. Ele lidera com o desejo de experimentar, aprender e descobrir novas possibilidades. Para o Explorador, a jornada é tão importante quanto o destino, e ele incentiva a equipe a explorar novas ideias e abordagens. Embora sua abordagem seja estimulante, o desafio do Explorador é manter o foco em metas claras, pois a busca incessante por novas experiências pode dispersar a energia da equipe.

Pontos fortes: curiosidade, inovação, espírito de aventura.

Desafios: dificuldade em manter o foco, pode se dispersar.

Exemplo de Líder Explorador: Richard Branson, fundador do Virgin Group, que se destaca por explorar novas fronteiras de negócios em áreas como aviação e turismo espacial.

6. O Líder Governante (O arquétipo do Governante)

O **Líder Governante** busca criar ordem, estabilidade e estrutura. Ele acredita que o sucesso vem da disciplina, do planejamento e da organização. O Governante é aquele que mantém a equipe no caminho certo, estabelecendo processos claros e regras que garantem que os objetivos sejam atingidos. No entanto, o risco para esse líder é se tornar excessivamente controlador, sufocando a criatividade e a autonomia da equipe.

Pontos fortes: organização, disciplina, habilidade de criar ordem.

Desafios: pode ser excessivamente controlador ou rígido.

Exemplo de Líder Governante: Angela Merkel, ex-chanceler da Alemanha, que é conhecida pela liderança disciplinada e estruturada, garantindo estabilidade política e econômica.

7. O Líder Amante (O arquétipo do Amante)

O **Líder Amante** acredita que as conexões pessoais são o alicerce da liderança. Ele valoriza relacionamentos fortes e genuínos e cria uma cultura de proximidade e colaboração. Esse líder se esforça para que os membros da equipe se sintam ouvidos e valorizados, criando um ambiente de confiança mútua. Seu maior desafio é equilibrar as emoções e as necessidades dos relacionamentos com as exigências práticas da gestão.

Pontos fortes: criação de vínculos fortes, cultura de confiança e colaboração.

Desafios: pode deixar de lado questões práticas em prol dos relacionamentos.

Exemplo de Líder Amante: Oprah Winfrey, cuja carreira foi construída em torno de sua capacidade de criar conexões profundas e significativas com as pessoas, seja na televisão ou nos negócios.

8. O Líder Mago (O arquétipo do Mago)

O **Líder Mago** é aquele que transforma visões em realidade. Ele acredita no poder da transformação e na capacidade de realizar grandes mudanças. O Mago vê além do óbvio e inspira sua equipe a acreditar no impossível. Ele é capaz de criar uma atmosfera de otimismo e inovação, em que as ideias se materializam de formas extraordinárias. O desafio do Mago é evitar ser percebido como irrealista ou fantasioso, especialmente quando suas ideias parecem muito ambiciosas para o momento.

Pontos fortes: visão transformadora, inspiração, inovação.

Desafios: pode ser visto como irrealista ou distante da realidade prática.

Exemplo de Líder Mago: Steve Jobs, que constantemente transformou suas visões inovadoras em produtos e experiências que mudaram o mundo.

9. O Líder Inocente (O arquétipo do Inocente)

O **Líder Inocente** acredita no bem fundamental das pessoas e no poder da confiança mútua. Ele vê o mundo através de uma lente de otimismo e espera o melhor de sua equipe. O Inocente lidera criando um ambiente de leveza e colaboração, onde todos se sentem acolhidos e seguros. Seu desafio é lidar com situações de conflito ou crise, pois sua natureza idealista pode dificultar a tomada de decisões difíceis.

Pontos fortes: otimismo, confiança nas pessoas, ambiente acolhedor.

Desafios: pode evitar confrontos e decisões difíceis.

Exemplo de Líder Inocente: Tony Hsieh, ex-CEO da Zappos, que construiu uma cultura corporativa baseada em felicidade, confiança e otimismo.

ESTILOS DE LIDERANÇA

Compreender seu arquétipo é o primeiro passo para o autoconhecimento, mas a maneira como você aplica essa autoconsciência no dia a dia depende dos estilos de liderança que você adota. Enquanto os arquétipos revelam quem você é internamente, os estilos de liderança são ferramentas práticas que moldam como você interage com sua equipe, toma decisões e inspira os demais. Cada estilo de liderança — seja ele mais voltado para a colaboração, para a inovação ou para os resultados — oferece uma abordagem diferenciada na hora de lidar com os desafios do ambiente corporativo.

1. O Líder Visionário

O **Líder Visionário** é aquele que enxerga o que outros ainda não podem ver. Esse tipo de líder tem uma clareza impressionante sobre o futuro da organização e o impacto que deseja causar. Ele é movido por ideias inovadoras e pela capacidade de inspirar seus colaboradores a seguir um propósito maior. O Líder Visionário não se contenta com o *status quo* — está sempre em busca de mudanças disruptivas. Sua principal qualidade é a habilidade de envolver a equipe em sua visão, dando a todos um senso de pertencimento ao futuro que ele imagina.

Exemplo de Líder Visionário: Anne Wojcicki, cofundadora da 23andMe, é uma líder visionária que revolucionou a forma como as pessoas acessam informações sobre sua saúde e ancestralidade por meio da genética. Ela está frequentemente em listas como a *Forbes' Most Powerful Women*, além de já ter sido destaque na *Time 100*. Sua visão vai além da tecnologia — Anne acredita em empoderar os indivíduos com conhecimento sobre o próprio corpo e história, promovendo prevenção, autonomia e medicina personalizada. Wojcicki lidera com a convicção de que a ciência pode (e deve) ser acessível a todos.

2. O Líder Servidor

O **Líder Servidor** coloca as necessidades da equipe à frente das próprias ambições. Ele acredita que o sucesso da organização depende de seu compromisso para com o desenvolvimento e o bem-estar dos colaboradores. Esse tipo de líder atua como um facilitador, criando um ambiente em que a equipe pode prosperar. Ele pratica a escuta ativa, oferece suporte emocional e técnico e garante que os membros do time tenham os recursos necessários para desempenhar as funções da melhor maneira.

Exemplo de Líder Servidor: Satya Nadella, CEO da Microsoft, que transformou a cultura da empresa com uma abordagem centrada em empatia e na mentalidade de crescimento, focando o desenvolvimento de pessoas e a criação de um ambiente de colaboração.

3. O Líder Carismático

O **Líder Carismático** é uma figura magnética que conquista a lealdade e o respeito dos liderados por meio de sua personalidade e de suas habilidades comunicativas. Esse tipo de líder tem a capacidade de envolver profundamente sua equipe, criando conexões emocionais que motivam os colaboradores a ir além de suas capacidades. A liderança carismática muitas vezes surge em momentos de crise, quando uma figura forte e inspiradora é necessária para elevar o moral e unir a equipe em torno de uma causa comum.

Exemplo de Líder Carismático: Steve Jobs, cuja presença inspiradora, combinada com seu entusiasmo e sua paixão pela excelência, uniu as equipes da Apple e impulsionou a inovação revolucionária.

4. O Líder Autêntico

O **Líder Autêntico** valoriza a transparência e a integridade acima de tudo. Ele lidera com base nos próprios valores e crenças, sem medo de ser vulnerável diante de sua equipe. Esse tipo de líder é confiável e inspira respeito porque age com coerência, mantendo seus princípios em todas as suas interações. O Líder Autêntico acredita que as pessoas o seguirão não por sua posição, mas porque confiam em sua honestidade e no exemplo que ele dá.

Exemplo de Líder Autêntico: Howard Schultz, ex-CEO da

Starbucks, que sempre manteve suas crenças sobre a importância do bem-estar dos funcionários e da responsabilidade social, ao mesmo tempo que construiu uma das maiores cadeias de cafeterias do mundo.

5. O Líder Democrático

O **Líder Democrático** valoriza a participação de todos nas decisões da empresa. Ele acredita que a inteligência coletiva é mais poderosa do que a visão de uma única pessoa. Esse líder incentiva a colaboração e o debate aberto, dando voz a todas as partes interessadas antes de tomar uma decisão. Ele cria um ambiente de trabalho onde as pessoas se sentem à vontade para expressar suas opiniões, o que resulta em soluções mais criativas e inovadoras.

Exemplo de Líder Democrático: Indra Nooyi, ex-CEO da PepsiCo, conhecida por incentivar a colaboração em todos os níveis da empresa, além de promover um ambiente inclusivo e acolhedor para novas ideias.

6. O Líder Transformacional

O **Líder Transformacional** tem uma abordagem centrada no crescimento pessoal e profissional dos colaboradores. Ele se empenha em identificar os pontos fortes de cada membro da equipe e ajudá-los a desenvolver suas habilidades ao máximo. Esse tipo de líder motiva sua equipe por meio de desafios constantes, oferecendo oportunidades para que cada pessoa cresça e assuma novas responsabilidades. Ele é, acima de tudo, um mentor, que orienta os colaboradores nas respectivas jornadas de autodescoberta e realização.

Exemplo de Líder Transformacional: Richard Branson, fundador do Virgin Group, que inspira os funcionários a assumir riscos, pensar fora da caixa e alcançar o crescimento pessoal enquanto impulsionam a inovação dentro das empresas dele.

7. O Líder Estratégico

O **Líder Estratégico** é altamente orientado por dados e análises. Ele é capaz de traçar o caminho mais eficaz para atingir os objetivos organizacionais, mantendo o foco nas metas de longo prazo. Esse líder tem uma habilidade natural para fazer planos detalhados, avaliar riscos e tomar decisões baseadas em fatos, garantindo a sustentabilidade e o crescimento da organização. Ele é valorizado pela habilidade de pensar vários passos à frente, preparando a empresa para os desafios futuros.

Exemplo de Líder Estratégico: Jeff Bezos, fundador da Amazon, que foi capaz de criar um império global por meio de uma abordagem meticulosa e orientada por dados, focando sempre inovação e a experiência do cliente.

8. O Líder Autoritário

O **Líder Autoritário**, também conhecido como "Líder Direcionador", é decisivo e determinado. Ele define metas claras e espera que a equipe siga o plano com eficiência. Esse tipo de líder é assertivo, muitas vezes tomando decisões rápidas e independentes, com base em sua experiência e julgamento. Embora possa ser visto como rígido em alguns momentos, ele é altamente eficaz em situações de crise ou quando há necessidade de um direcionamento firme e imediato.

Exemplo de Líder Autoritário: Jack Welch, ex-CEO da GE (General Electric), que liderou a empresa com uma abordagem de alta performance, estabelecendo padrões rigorosos e impulsionando resultados rápidos e consistentes.

9. O Líder Coach

O **Líder Coach** é focado no desenvolvimento contínuo de sua equipe. Ele atua como mentor e técnico, oferecendo orientação, feedback construtivo e suporte para ajudar seus colaboradores a atingir seu pleno potencial. O Líder Coach está sempre em busca de oportunidades para treinar e preparar sua equipe para assumir novos desafios, incentivando o aprendizado e o crescimento individual. Ele acredita que o sucesso da organização depende diretamente do sucesso individual de cada membro da equipe.

Exemplo de Líder Coach: Sheryl Sandberg, ex-coo do Facebook, que ficou conhecida por seu apoio contínuo ao desenvolvimento de talentos dentro da organização, incentivando a formação de líderes.

COMBINANDO ESTILOS DE LIDERANÇA E ARQUÉTIPOS PSICOLÓGICOS

Cada líder carrega dentro de si uma combinação única de características que podem ser exploradas tanto nos arquétipos da psicologia quanto nos estilos de liderança. É a partir desse cruzamento que surgem as abordagens mais eficazes e autênticas.

Por exemplo, um líder que se identifica com o **arquétipo do Sábio** pode encontrar no estilo de liderança **Coach** uma forma de transmitir seu conhecimento, enquanto capacita a equipe a se desenvolver. O Sábio traz a clareza e a perspectiva analítica, enquanto o Coach facilita o crescimento pessoal e profissional de cada membro do time. Essa combinação gera uma liderança estratégica em que o conhecimento e a sabedoria se tornam ferramentas para transformar potencial em performance.

Da mesma forma, uma mulher que lidera com o **arquétipo do Cuidador** pode equilibrar a empatia com o estilo **Transformacional**, incentivando o desenvolvimento de sua equipe em um ambiente seguro e acolhedor. O Cuidador oferece suporte emocional e nutre a equipe, enquanto o Transformacional inspira crescimento e inovação. Essa combinação é particularmente poderosa para líderes que buscam criar um ambiente colaborativo, onde todos se sintam valorizados e motivados a dar o melhor de si.

Autoconsciência é a base para criar essa sinergia entre arquétipos e estilos de liderança. É por meio dela que conseguimos identificar nossas inclinações naturais, nossos pontos fortes e nossas áreas de melhoria. Quando o líder está consciente de sua abordagem psicológica e de seu estilo de liderança predominante, pode ajustar seu comportamento de acordo com as circunstâncias, as necessidades da equipe e os objetivos da organização, criando estratégias que levem aos resultados desejados.

Por exemplo, uma **Líder Heroína** que está sempre disposta a proteger a equipe pode, ao perceber que está centralizando demais as decisões, explorar características do **Líder Democrático**. Ela pode aprender a delegar mais responsabilidades e dar espaço para que os membros da equipe se expressem e contribuam ativamente para as soluções. Isso não apenas promove o crescimento individual da equipe, mas também permite que o Herói canalize sua energia de maneira mais estratégica, sem se sobrecarregar.

Outro exemplo seria um **Líder Rebelde** que pode naturalmente se sentir atraído por mudanças e inovações, mas que, ao combinar esse perfil com o estilo **Visionário**, consegue estruturar uma estratégia de longo prazo para a equipe. O Rebelde incentiva a inovação, enquanto o Visionário guia a equipe com uma visão inspiradora de futuro. Essa combinação cria uma equipe capaz de desafiar o *status quo* com foco e direção.

Para mulheres que lideram, a autoconsciência também nos permite equilibrar as expectativas que muitas vezes recaem sobre nós — tanto no ambiente corporativo quanto em nossa vida pessoal. Saber onde estão nossas forças e fraquezas nos permite fazer escolhas mais conscientes sobre em que concentrar nossa energia e como equilibrar as demandas da carreira e da vida pessoal.

EXEMPLO PRÁTICO DE COMBINAÇÃO DE ESTILOS E ARQUÉTIPOS

Imagine um líder com o **arquétipo do Governante**, que valoriza ordem e disciplina. Ao combinar isso com o estilo de liderança **Visionário**, ele será capaz não apenas de criar uma estrutura organizada, mas também de inspirar a equipe com uma visão clara de futuro. Esse equilíbrio entre estabilidade e inovação faz com que a equipe tenha um caminho bem definido, enquanto se sente motivada a alcançar resultados grandiosos.

Outro exemplo seria uma líder que se identifica com o **arquétipo do Cuidador** e adota o estilo **Coach**. Essa combinação permite que ela crie um ambiente de confiança e apoio, enquanto também desenvolve as habilidades de cada membro da equipe. Ao equilibrar empatia com o desenvolvimento prático, essa líder consegue não apenas fortalecer laços emocionais, mas também transformar sua equipe em profissionais mais capacitados e autônomos.

Minha percepção é de que, como sociedade, ainda estamos profundamente enraizados em um pensamento egoísta, focado no materialismo, em que o sucesso é frequentemente reduzido a números e resultados financeiros. No entanto, a liderança verdadeira vai além disso. Envolve propósito, impacto e a capacidade de equilibrar desempenho com humanidade.

MEUS ARQUÉTIPOS

Minha essência se divide entre três arquétipos principais: Sábio, Inocente e Rebelde. Minha combinação se manifesta como Sábio-Coach e Rebelde-Visionário, refletindo minha busca por conhecimento, minha capacidade de desafiar padrões e minha visão inovadora para o futuro.

Todos nós possuímos características de diferentes arquétipos, mas, geralmente, três se destacam e guiam nossa personalidade. Ser estratégico é reconhecer quais são os nossos arquétipos dominantes e quais precisamos desenvolver para alcançar os resultados que desejamos.

MEUS VALORES

- Respeito
- Humildade
- Compaixão
- Amor

Esses princípios guiam minhas decisões, minha forma de liderar e a maneira como me relaciono com o mundo.

VALORES DA MINHA EMPRESA

Nossa organização é construída sobre pilares sólidos que refletem nossa missão e nosso compromisso com as pessoas e a sociedade.

- Integridade
- Inovação
- Excelência funcional
- Valorização e respeito ao ser humano
- Satisfação dos clientes
- Responsabilidade social e ambiental

Mais do que palavras, esses valores são a base das nossas ações. Eles nos lembram que o verdadeiro sucesso não está apenas nos números, mas no impacto positivo que geramos em cada pessoa e na sociedade como um todo.

Como vimos, a autoconsciência é o ponto de partida para uma liderança que transforma. É ela que nos permite reconhecer nossos limites, aprimorar nossas forças e liderar com mais clareza. Sem esse olhar sincero para si, corremos o risco de repetir padrões e decisões que já não servem mais. Liderar começa por dentro — e quem não se conhece, dificilmente consegue inspirar.

"Um dos momentos mais decisivos da minha carreira foi quando me tornei mãe e enfrentei a difícil escolha entre a maternidade e a carreira. Sempre soube que renunciar à minha carreira não seria uma opção, mas a autoconsciência me ajudou a perceber que não era necessário escolher entre uma ou outra, e sim aprender a conciliá-las. Entendi que, para me dedicar plenamente aos outros, no caso aos meus filhos, eu precisava estar bem comigo mesma, e a minha profissão faz parte de quem eu sou. Com o tempo, percebi que a maternidade me tornou uma profissional melhor — mais empática, paciente, colaborativa e resiliente. Ao mesmo tempo, minha profissão me ajuda a ser a melhor mãe que meus filhos poderiam ter. Esse equilíbrio foi fundamental para moldar meu estilo de liderança.

Ao longo dos anos, desenvolvi minha autoconsciência como uma chave para entender minhas emoções e como elas afetam meu trabalho. Hoje, com mais experiência e autoconhecimento, consigo identificar o que me desestabiliza emocionalmente e, com a prática da respiração consciente, controlo melhor esses momentos de tensão. Isso me ajuda a manter a calma, mesmo quando as situações não estão sob controle. A autoconsciência me permite agir com mais clareza e tranquilidade, o que reflete diretamente no meu estilo de liderança.

Uma situação específica em que a autoconsciência me ajudou a obter melhores resultados foi quando percebi que uma secretária muito competente da minha equipe poderia agregar mais valor em outro setor da empresa. Embora a decisão de 'abrir mão' dela deixasse a recepção desfalcada por um tempo, seu crescimento em outro departamento trouxe grandes resultados e me encheu de alegria. Minha equipe reagiu bem a essa mudança, entendendo que todos têm a oportunidade de crescer quando se destacam no que fazem. Isso reforçou a ideia de que a autoconsciência me ajuda a tomar decisões que, mesmo desafiadoras, beneficiam a equipe como um todo.

Trabalho na mesma empresa há dez anos e, ao longo desse tempo, meu autoconhecimento foi posto à prova em diversas situações. A convivência com pessoas que compartilham muito conhecimento foi crucial para que eu me tornasse uma líder mais inspiradora. Aprendi a ouvir mais, a compreender melhor as histórias e as perspectivas dos outros, pois cada um enxerga a vida a partir de suas próprias vivências. Esses ajustes no meu estilo de liderança, voltados à escuta e ao entendimento do outro, fizeram uma enorme diferença na minha forma de liderar.

Acredito firmemente que a autoconsciência pode ser desenvolvida. Embora alguns possam ter mais facilidade para acessar essa habilidade, ela pode ser cultivada por qualquer líder, desde que se invista no autoconhecimento e no gerenciamento das próprias emoções. Recomendo que outros líderes dediquem tempo para refletir sobre si mesmos, suas ações e suas emoções, pois esse é o caminho para liderar com autenticidade e confiança.”

Monica Gobi,
supervisora administrativa e financeira
da empresa Lift Pro Soluções Corporativas

CAPÍTULO **2**

SEGUNDO PILAR:

Empatia como estratégia de liderança

A verdadeira conexão humana nasce da soma dos valores que cultivamos.

Quando você pensa em empatia, qual é a primeira coisa que vem à sua mente? Talvez seja aquela ideia clichê de "se colocar no lugar do outro", algo que parece simples, mas, na prática, raramente acontece da maneira como imaginamos. Eu mesma já passei por situações em que acreditava estar sendo empática, e, na verdade, apenas projetava minha própria visão sobre o problema de alguém.

Foi somente quando comecei a entender a empatia de um modo mais profundo — e até científico — que percebi o quanto esse conceito é estratégico na liderança. E não estou falando de ser "bonzinho" ou de passar a mão na cabeça dos outros. Estou me referindo a enxergar o ser humano como ele realmente é, com suas crenças, suas histórias e, claro, suas imperfeições. Como líderes, nosso papel não é "consertar" as pessoas, e sim criar um ambiente no qual elas possam crescer e entregar o seu melhor. E isso só é possível com empatia.

Antes de seguir, precisamos esclarecer algo mais: empatia não é simpatia. Ser simpático pode ser um bom começo, mas a simpatia muitas vezes para na superfície. Empatia, por sua vez, é a capacidade de compreender como o outro pensa e sente, mesmo que você não concorde ou jamais tenha vivido algo parecido. Em uma palestra, ouvi do renomado neurocientista Pedro Calabrez a seguinte frase: "Empatia não é me colocar no lugar do outro, mas enxergar o mundo pelo viés da outra pessoa". E isso, para nós, líderes, é revolucionário.

Vou compartilhar um exemplo real. Recentemente, uma colaboradora da minha equipe veio conversar comigo sobre um aumento salarial. O problema não era o pedido em si, mas a abordagem que ela usou. Foi agressiva e sem muita clareza, algo que poderia facilmente gerar um atrito. Minha primeira reação interna foi pensar: "Essa pessoa não sabe como pedir algo". Mas, sendo líder, precisei dar um passo para trás. Tentei entender por que ela estava tão reativa. Descobri que essa moça estava enfrentando um problema pessoal sério, o que afetou diretamente sua comunicação. Isso não significa que atendi ao pedido de imediato, mas ajustei minha abordagem para explicar com calma o que poderia ou não ser feito naquele momento. O resultado? Ela saiu da sala mais tranquila, entendendo o porquê de minha decisão e com uma relação ainda mais fortalecida com a empresa.

Ser empático não significa sempre dizer "sim", mas olhar além da reação inicial e, então, buscar o contexto.

Muitos líderes pensam: "Eu lidero uma equipe enorme, não consigo dar atenção personalizada para todo mundo". E, de certa forma, isso faz sentido. Com prazos apertados, demandas crescentes e times cada vez mais diversos, parece inviável individualizar cada decisão. Mas é justamente aqui que entra a empatia como estratégia.

A ideia de que um líder precisa tratar todos da mesma forma pode parecer justa, mas é, na prática, ineficaz. Liderança não é gerenciar números, e sim pessoas. E cada pessoa tem suas próprias motivações, adversidades e formas de se engajar no trabalho. Ignorar isso pode gerar um time tecnicamente funcional, mas emocionalmente desconectado.

Estudos mostram que o número ideal de liderados diretos para um gestor varia entre cinco e doze. Acima disso, manter um acompanhamento próximo se torna um desafio. Por isso, líderes eficazes aprendem a criar relações significativas dentro das suas possibilidades, encontrando formas de equilibrar demandas operacionais com conexões reais.

O mundo mudou, e as expectativas das pessoas também. Se quisermos ter sucesso na liderança, precisamos aprender a liderar indivíduos, não apenas equipes.

Vou contar outra história. Uma das gestoras da minha empresa voltou recentemente da licença-maternidade. Quem já passou por isso sabe o quanto essa fase é desafiadora. Ela ainda não tinha conseguido organizar onde deixar a bebê de quatro meses e estava visivelmente preocupada. Agora imagine se eu dissesse: "Sua licença acabou, volte ao trabalho e se vire". Eu teria resolvido o problema administrativo, mas teria criado outro, talvez maior: uma profissional desmotivada, sobrecarregada e sem apoio.

O que fiz foi o oposto. Conversamos sobre suas necessidades naquele momento e ajustamos temporariamente sua rotina de trabalho, permitindo que ela se organizasse. Essa colaboradora trabalhou durante dois meses após o término de sua licença-maternidade, de forma híbrida, meio-período na empresa e meio-período em casa. Isso não apenas respeitou sua realidade, mas também demonstrou que a empresa valoriza suas colaboradoras como indivíduos, e não apenas como profissionais.

Agora, você pode estar pensando: "Mas e as regras?". É claro que as regras existem e devem ser seguidas. Nem todas as situações permitem essa flexibilidade. Por exemplo, quando uma colaboradora muito competente recebeu uma oferta de trabalho externa com um salário significativamente maior, pediu uma contraproposta para permanecer. Nesse caso, as regras salariais da empresa não permitiam um reajuste sem impacto nos demais colaboradores no mesmo nível. Não foi possível atender ao pedido, mas expliquei isso de forma transparente. Empatia também é sobre ser justo e claro, mesmo quando a resposta precisa ser "não".

Além disso, a empatia tem um lado científico interessante. Quando entendemos como o cérebro funciona, conseguimos criar estratégias mais eficazes para liderar. Vou dar um exemplo prático. Em um período de alta pressão na minha equipe, percebi que o estresse estava afetando a produtividade. Contratamos mais dois colaboradores, redistribuímos tarefas e ajustamos melhor os prazos. Também implementei práticas como duas pausas de quinze minutos durante o expediente de trabalho de oito horas e conversas sobre bem-estar uma vez por semana, incentivando hábitos saudáveis entre os colaboradores, como alimentação adequada e boa qualidade de sono. Isso ajudou a reduzir o estresse crônico e trouxe mais equilíbrio para os times.

Outro ponto interessante sobre empatia é entender que as pessoas processam informações e feedbacks de formas diferentes. Para alguns, uma abordagem direta funciona melhor; para outros, é preciso um tom mais colaborativo e detalhado. Reconhecer essas diferenças, entendendo a individualidade do ser humano, me ajudou a adaptar minha liderança e a criar um ambiente de trabalho mais inclusivo.

Mas agora talvez você esteja se perguntando: "Como posso aplicar isso no meu dia a dia?". A empatia começa com pequenas práticas, como a escuta ativa. Quando um colaborador vier até você, esteja realmente presente. Guarde o celular, olhe nos olhos e ouça sem interrupções. Outra prática é ajustar seu discurso ao perfil de cada pessoa, seja com mais clareza, seja com mais sensibilidade, dependendo da situação.

Mas o maior desafio é manter a empatia em tempos de crise. Em momentos de alta pressão, é fácil cair na armadilha de tomar decisões rápidas e impessoais. É nessas horas que a empatia se torna ainda mais crucial. Antes de agir, pare e pense: "Como essa decisão afetará as pessoas envolvidas?". Essa pausa, mesmo que breve, pode fazer toda a diferença!

EMPATIA É SOBRE VALORES

Liderar com empatia exige que você esteja alinhado com os seus valores. Como já disse no capítulo 1, para mim, respeito e humildade são inegociáveis. Sem respeito, não há confiança; sem humildade, não há aprendizado. Recentemente, participei como palestrante de um evento em que dividi o palco com mais dois profissionais para apresentações simultâneas. No entanto, vivenciei uma situação inusitada: um deles optou por conduzir a fala aos gritos, sem qualquer consideração pelo ambiente ou pelos demais colegas no palco. Sua postura não apenas atrapalhou minha apresentação e a da outra palestrante, mas também demonstrou uma total falta de respeito e profissionalismo. Fiquei pensando: "Se ele age assim em público, desrespeitando colegas de profissão, como será no dia a dia de trabalho?". Só consegui realizar minha palestra porque foquei os meus valores e acionei minha inteligência emocional. A empatia começa com a clareza sobre quem você é e o que valoriza. E isso faz toda a diferença!

Se a empatia é a prática de entender o outro, os valores são o alicerce que guia as nossas decisões e interações. Eles funcionam como um "norte moral", uma bússola, que nos ajuda a navegar por situações complexas e, muitas vezes, desafiadoras. Sem valores claros, a empatia pode se perder ou se tornar superficial, pois falta uma base sólida que sustente nossas ações como líderes.

Seguem abaixo, além do respeito e da humildade, outros valores que considero fundamentais na liderança. Esses valores não apenas fortalecem a nossa capacidade de liderar, mas também ajudam a criar um ambiente organizacional em que a empatia floresce como parte da cultura da empresa.

1. Respeito: a base da empatia

O respeito é, sem dúvida, a base de qualquer relação humana saudável, seja no trabalho, seja na vida pessoal. No contexto da liderança, esse atributo vai além das boas maneiras; é o ato de reconhecer a dignidade e o valor intrínseco de cada pessoa, independentemente de sua posição hierárquica, crenças ou comportamentos.

No dia a dia, o respeito se manifesta em pequenas ações: ouvir atentamente sem interromper, tratar a todos com equidade e valorizar as contribuições individuais. Por exemplo, quando um colaborador comete um erro, o líder respeitoso não humilha nem desqualifica; ele prefere utilizar o momento como uma oportunidade de aprendizado. Essa abordagem não só preserva a autoestima do colaborador, como fortalece a relação de confiança entre líder e equipe.

2. **Humildade: o valor que torna a empatia possível**

A humildade é essencial para liderar com empatia, porque nos lembra de que não temos todas as respostas — e tudo bem. Um líder humilde está disposto a ouvir, a aprender e até mesmo a admitir erros. Esse valor quebra as barreiras que o ego muitas vezes constrói e permite que nos conectemos de forma genuína com os outros.

Eu, particularmente, já tive que exercitar a humildade diversas vezes. Lembro-me de uma situação em que tomei uma decisão errada, acreditando que estava no caminho certo. Quando percebi o impacto negativo para a equipe, precisei reunir todos e admitir meu erro. Pedir desculpas não foi fácil, mas foi necessário. O resultado? A equipe não apenas aceitou minhas palavras, como se sentiu ainda mais engajada e respeitada.

Outra experiência marcante foi quando precisei recorrer aos meus colaboradores para entender melhor um assunto técnico que estava fora da minha área de domínio. Em vez de mascarar minha incerteza, fui transparente e pedi ajuda. A reação foi surpreendente: longe de me enxergarem como uma líder fraca, eles se sentiram valorizados, percebendo que sua expertise fazia a diferença.

Humildade não é sobre fraqueza, e sim sobre força — a força de reconhecer que sempre podemos aprender e crescer, especialmente quando nos apoiamos nos talentos ao nosso redor.

3. **Justiça: a base da confiança**

Ser empático não significa tratar a todos igualmente, e sim de modo justo. A justiça envolve compreender as diferenças e adaptar suas ações para atender às necessidades individuais sem prejudicar o equilíbrio do grupo. É aqui que a empatia e a justiça se encontram: entender o contexto de cada colaborador enquanto garante que as regras sejam seguidas e a equipe, como um órgão único, se sinta valorizada.

4. **Integridade: alinhando palavras e ações**

A integridade é um valor indispensável para liderar com empatia, pois garante que nossas ações estejam alinhadas com nossas palavras. Não adianta falar sobre empatia e, na prática, liderar de forma autoritária, ignorando as necessidades e emoções das pessoas ao nosso redor. Líderes íntegros inspiram confiança porque as equipes sabem que suas palavras têm peso e que suas promessas não são vazias — são compromissos.

Esse valor se torna ainda mais fundamental em momentos de alta pressão. Em uma crise organizacional, por exemplo, um líder íntegro e empático não se esconde atrás de discursos evasivos nem transfere responsabilidades. Pelo contrário, ele reconhece o esforço da equipe, assume as decisões difíceis e age com transparência em cada etapa do processo. Ao fazer isso, não apenas mantém a confiança do time, mas também reforça uma cultura de responsabilidade e respeito mútuo, essencial para qualquer ambiente de trabalho saudável e sustentável.

5. **Coragem: enfrentar dificuldades com empatia**

Muitas pessoas associam empatia à suavidade, mas, na verdade, ser empático exige coragem. Coragem para ouvir críticas sem reagir defensivamente, para enfrentar conflitos difíceis e para tomar decisões que, embora justas, possam ser impopulares. Um líder verdadeiramente empático não foge de conversas desconfortáveis nem evita a responsabilidade pelo impacto de suas escolhas.

A coragem é o que permite que a empatia e a firmeza coexistam. Um líder pode ser compreensivo sem ser permissivo, pode ser humano sem perder a autoridade. Navegar entre as necessidades individuais e os objetivos organizacionais exige esse equilíbrio — e é essa coragem que diferencia líderes que apenas gerenciam daqueles que realmente inspiram.

6. Compromisso com o desenvolvimento humano

Por fim, a empatia está profundamente ligada ao compromisso com o desenvolvimento humano. Um líder empático enxerga além das tarefas do dia a dia e investe no crescimento de cada membro da equipe. Isso significa escutar aspirações, oferecer feedback construtivo e criar oportunidades para que todos se desenvolvam, tanto profissional quanto pessoalmente. Na nossa empresa, há anos adotamos essa mentalidade, promovendo palestras e treinamentos focados no desenvolvimento individual de nossos colaboradores. Além disso, incentivamos uma cultura de reconhecimento genuíno: os líderes de cada departamento têm liberdade para celebrar pequenas conquistas da equipe de forma criativa. Seja presenteando colaboradores com um mimo, organizando um lanche especial ou até promovendo um happy hour, essas iniciativas simples fortalecem os laços e criam um ambiente de trabalho mais conectado e motivador.

O impacto dessas ações vai muito além da motivação momentânea. Elas aumentam o engajamento, demonstram que o esforço de cada um é valorizado e reforçam o sentimento de pertencimento. Mais do que melhorar os resultados, criam um ambiente onde as pessoas se sentem parte de algo maior — e querem permanecer.

EMPATIA E RESOLUÇÃO DE CONFLITOS

Vou ser sincera com você: mesmo em ambientes empáticos, conflitos acontecem. A diferença está na forma como os enfrentamos. Um líder empático não ignora o problema nem reage impulsivamente, tomando partido sem entender o contexto. Em vez disso, busca as causas por trás do comportamento de cada pessoa e trabalha para encontrar uma solução que respeite todos os envolvidos.

Recentemente, precisei lidar com um conflito entre duas pessoas da minha equipe. O atrito havia escalado a ponto de comprometer o andamento de um projeto. Em vez de impor uma decisão rápida, adotei uma abordagem diferente: primeiro, conversei individualmente com cada envolvido, praticando a escuta ativa para compreender seu ponto de vista. Depois, promovemos um encontro em um ambiente seguro, onde ambos puderam expressar suas preocupações sem medo de represálias. O resultado foi surpreendente: perceberam que suas diferenças estavam mais relacionadas a estilos de trabalho do que a questões pessoais. Com esse entendimento, conseguiram ajustar a comunicação e, hoje, trabalham de forma harmônica.

Se eu tivesse apenas imposto uma solução ou ignorado o conflito, dificilmente teríamos chegado a esse resultado. Resolver conflitos com empatia não significa ser condescendente, e sim criar um espaço de respeito mútuo e de aprendizado, em que as pessoas se sintam seguras para crescer e trabalhar melhor juntas.

EMPATIA NA CULTURA ORGANIZACIONAL

E se a empatia não fosse apenas um traço individual, mas a espinha dorsal da cultura da sua empresa? Imagine um ambiente em que os líderes, de forma consistente, demonstram empatia genuína e no qual as políticas e práticas reforçam essa abordagem em todos os níveis. Isso não é utopia — é possível. Mas exige intenção. Uma intenção clara, autêntica e, acima de tudo, desprovida de "segundas intenções", sem aquele viés de interesse próprio que tantas vezes mina a confiança.

Desenvolver a empatia não é manipular ou fingir algo que não se sente. É cultivar um desejo genuíno de contribuir para o bem-estar do outro. A pergunta essencial é: sua energia e sua intenção estão verdadeiramente voltadas para apoiar e fortalecer a equipe?

Reflita um pouco: *com que intenção você está vibrando hoje?* Sua frequência emocional impacta diretamente as pessoas ao seu redor, criando uma onda que reverbera na equipe, nos seus colegas e na cultura organizacional como um todo. Pense em uma frequência de rádio: se você quer ouvir FM, sintoniza com a FM; se prefere AM, sintoniza com a AM. A sintonia que você emite é a mesma que receberá de volta. Nesse sentido, alinhar sua intenção com uma liderança autêntica e humanizada não é apenas uma escolha — é um compromisso com o impacto que você deseja gerar.

Na nossa empresa, por exemplo, realizamos reuniões mensais com a liderança para discutir desenvolvimento pessoal, emocional e espiritual. O objetivo? Fortalecermo-nos mutuamente para liderar com consciência e empatia.

Lembro um episódio que me marcou profundamente. Uma colega precisou se ausentar porque o filho estava doente. Em vez de simplesmente redistribuir as tarefas, reunimos a equipe para um bate-papo rápido. Cada um se prontificou a assumir uma parte do trabalho dela, garantindo que tudo seguisse sem sobrecarregar ninguém. Mas fomos além: alguns de nós nos reunimos para fazer uma oração e enviar uma mensagem de encorajamento. Não era sobre religião — era sobre comunidade. Sobre mostrar que, antes de sermos profissionais, somos humanos.

Pequenos gestos como esse transformam ambientes de trabalho. Eles criam uma cultura na qual as pessoas se sentem vistas, ouvidas e valorizadas. E, quando isso acontece, algo incrível acontece junto: o engajamento e a lealdade disparam.

Quero reforçar um ponto essencial: empatia não é um detalhe bonito na liderança; é uma necessidade estratégica. Mais do que isso, é um diferencial competitivo. Cultivar empatia de forma intencional não só melhora os resultados da organização, mas cria um espaço onde as pessoas querem estar, querem contribuir e se sentem motivadas a dar o seu melhor. E, como consequência, a produtividade e a lucratividade da empresa aumentam.

Eu sei que liderar com empatia não é fácil. Exige tempo, esforço e disposição para enxergar o outro em sua complexidade. Mas, no fim das contas, essa é a diferença entre um gestor comum e um líder extraordinário. Empatia não é fraqueza — é força. É a capacidade de ver além dos números e das tarefas e liderar pessoas pelo que elas realmente são: humanas.

E lembre-se: liderança empática não é sobre perfeição, mas sobre esforço contínuo. É ouvir de verdade, agir com humanidade e ter a coragem de fazer o que é certo. E, da próxima vez que você se deparar com um desafio de liderança, faça a si mesmo esta pergunta: "O que essa situação exige de mim como líder empático?". A resposta, quase sempre, levará a olhar além do óbvio e a agir de uma forma que inspire e transforme — tanto pessoas quanto resultados.

TÉCNICAS PARA PRATICAR A EMPATIA NO DIA A DIA DAS EMPRESAS

Agora, você pode estar pensando: "Ok, Keila, entendi que a empatia é importante. Mas como, na prática, eu aplico isso com minha equipe?".

A verdade é que a empatia, assim como qualquer outra habilidade, precisa ser cultivada com intenção. Não acontece por mágica, nem surge apenas com boas intenções. É um exercício diário, que exige prática e consistência.

Por isso, quero compartilhar algumas técnicas que funcionam muito bem na minha rotina de liderança — e que você pode começar a aplicar hoje mesmo.

1. Comunicação não violenta (cnv)

Essa metodologia, desenvolvida por Marshall Rosenberg,[2] ensina como podemos nos comunicar de forma clara, respeitosa e sem julgamentos. Falaremos mais sobre ela no capítulo que trata especificamente da comunicação como uma das estratégias fundamentais da liderança humaniza-

---

2 MARSHAL, Rosenberg. *Comunicação não violenta*: técnicas para aprimorar relacionamentos pessoais e profissionais. São Paulo: Ágora, 2006.

da. No contexto da empatia, é importante levar em conta quatro passos simples:

- Observar sem julgar: o que está acontecendo?
- Identificar sentimentos: como você ou a outra pessoa se sentem?
- Reconhecer necessidades: o que está por trás desses sentimentos?
- Fazer um pedido claro: como podemos resolver isso juntos?

2. Escuta ativa

Quantas vezes você já esteve em uma conversa, mas, em vez de realmente ouvir, estava apenas formulando a resposta enquanto o outro falava? Isso não é escuta ativa.

Escutar de verdade significa estar presente, sem distrações, e demonstrar um interesse genuíno no que está sendo dito. Significa fazer perguntas abertas, reformular o que ouviu para garantir que compreendeu corretamente e, acima de tudo, mostrar que valoriza a perspectiva do outro.

Essa prática não só ajuda a resolver conflitos, mas também fortalece a confiança — porque, no fim das contas, todo mundo quer se sentir ouvido de verdade.

3. Adaptação da comunicação ao perfil do outro

Esta é uma das minhas técnicas favoritas, pois exige um toque de "jogo de cintura". Consiste em entender que nem todos reagem do mesmo modo à comunicação. Alguns preferem objetividade; outros precisam de mais contexto. Para algumas pessoas, ser direto pode funcionar; para outras, uma abordagem mais colaborativa e detalhista costuma ser mais eficaz. A dica é conhecer sua equipe, observar e ajustar sua comunicação. Assim a mágica realmente acontece.

"*Para mim, a empatia no ambiente de trabalho vai muito além de uma palavra ou de um gesto. Ela exige esforço genuíno para entender o que realmente está acontecendo por trás das aparências. Com o tempo, percebi que a empatia é uma habilidade que se constrói a partir de situações desafiadoras, como quando enfrentamos conflitos, alta pressão ou crises que exigem decisões rápidas. Aprender a aplicar a empatia nesses momentos me ajudou a me tornar um líder melhor e mais conectado à minha equipe.*

Uma experiência marcante foi um conflito entre duas pessoas da equipe que, com desentendimentos constantes, começou a afetar o clima de trabalho. Sabendo da importância de lidar com isso de forma cuidadosa, trabalhei junto ao RH para abordar cada uma das partes individualmente. Conversamos sobre suas perspectivas e tentamos chegar ao cerne do problema. Percebemos, então, que a questão não era a falta de empatia, como ambas alegavam, mas a individualidade de cada uma que, com o tempo, criou tensões e mal-entendidos. Ao enfatizar a importância de um entendimento mútuo e uma empatia verdadeira, conseguimos promover uma reconciliação e uma das colaboradoras decidiu se desculpar. Foi uma lição importante para todos sobre como, no ambiente profissional, é preciso olhar além de si para criar harmonia.

A empatia, para mim, envolve conhecer as reais necessidades de cada colaborador e entender o que está por trás de suas ações. Recentemente, quando precisávamos de alguém para assumir uma demanda extra, uma colaboradora, que estava passando por uma reforma em casa, se ofereceu de imediato, grata pela oportunidade de renda extra naquele momento. Isso fortaleceu meu entendimento de que, ao buscar entender as necessidades individuais da equipe, não só incentivamos a produtividade, mas também criamos uma conexão mais autêntica e engajada com todos.

Momentos de crise e alta pressão, no entanto, são os que mais desafiam minha capacidade de equilibrar empatia com a necessidade de decisões rápidas e assertivas. Nesses períodos, procuro observar o departamento como um todo, identificando quem é mais ágil, quem tem mais conhecimento e quem pode precisar de mais tempo para determinada tarefa. Tento distribuir as responsabilidades de forma que todos sintam que suas habilidades estão sendo respeitadas. Esse olhar atento e cuidadoso permite que a equipe se sinta valorizada e segura, mesmo em tempos difíceis.

Houve também uma ocasião que me fez refletir sobre a diferença entre empatia genuína e empatia por conveniência. Durante um período de sobrecarga de trabalho, alguns colaboradores começaram a usar a 'empatia' como justificativa para pedir redução de carga, mas apenas quando era conveniente para eles. Essa experiência me mostrou a importância de promover uma empatia mútua, que fortalece a equipe como um todo, e não apenas quando atende a interesses individuais.

Para cultivar a empatia no dia a dia, procuro sempre me manter atento ao bem-estar de cada pessoa da equipe. Faço questão de entender se alguém está passando por um momento difícil, seja no trabalho ou em sua vida pessoal. Esse conhecimento me permite ajustar a forma como interajo e cobro resultados, oferecendo ajuda quando necessário e adequando as cobranças ao contexto de cada um. Assim, busco criar um ambiente onde todos saibam que podem contar comigo, não apenas nos dias tranquilos, mas especialmente nos momentos de desafio.”

Silvino Balbinot Neto,
*supervisor do departamento rural da empresa
Aquarius Contabilidade*

CAPÍTULO 3

TERCEIRO PILAR:

Comunicação — A estratégia de liderar além das palavras

Só seremos capazes de ouvir as vozes externas se tivermos coragem de ouvir e interpretar nossas vozes internas.

Desde o momento em que acordamos até o fim do dia, estamos nos comunicando — com nossos colegas, nossa família, nossos amigos e, talvez o mais importante, com nós mesmos. A comunicação é, literalmente, a ferramenta que utilizamos para viver em sociedade. Mas é, ao mesmo tempo, uma das maiores fontes de mal-entendidos, conflitos e desafios. Isso acontece porque a boa comunicação não é um dom inato; é uma competência. E, como toda competência, pode e deve ser desenvolvida e exercitada. Isso significa que você não precisa nascer com o "dom da palavra" para se tornar um líder eficaz. Precisa, sim, entender os fundamentos de uma interação assertiva e praticá-los diariamente.

Antes de falarmos sobre como dialogamos com os outros, é importante olhar para dentro de nós. Como você conversa consigo mesmo? Eu sei que isso pode parecer estranho, mas sua comunicação interna é a base de tudo. É ela que molda suas ações, suas decisões e até a maneira como você enxerga o mundo. "Somos o resultado do que acreditamos." Essa frase é mais verdadeira do que podemos imaginar. Nossas crenças — muitas vezes alimentadas por frases que repetimos silenciosamente, como "Não sou bom nisso" ou "Isso nunca vai dar certo" — moldam a maneira como percebemos o mundo e, consequentemente, como agimos. Esse tipo de comunicação interna negativa tem o poder de sabotar nossos esforços antes mesmo de começarmos. Mas aqui vai uma boa notícia: podemos reescrever essa narrativa.

A neurociência nos ensina que nossos pensamentos ativam áreas específicas do cérebro, desencadeando a produção de hormônios que influenciam nossas emoções e ações. Por exemplo, pensamentos negativos constantes podem aumentar a liberação de cortisol, o hormônio do estresse, tornando-nos menos confiantes e mais propensos a tomar decisões impulsivas. Por outro lado, reformular esses pensamentos em perguntas construtivas — por exemplo, "Como posso fazer isso funcionar?" ou "O que posso aprender com essa experiência?" — ativa áreas do cérebro associadas à resolução de problemas e à criatividade. Isso também estimula a produção de dopamina, um neurotransmissor conhecido como o hormônio do prazer, criando um ciclo positivo que favorece o aprendizado e a tomada de decisões conscientes.

O impacto é transformador: ao mudar o que dizemos a nós mesmos, mudamos nossa perspectiva, nossa atitude e, em última análise, nossos resultados. Quando aprendemos a reformular nossas conversas íntimas, nos tornamos não apenas mais confiantes, mas também melhores comunicadores. Afinal, como podemos liderar de maneira construtiva se estamos constantemente nos autossabotando? Isso explica por que, em minhas palestras, sempre enfatizo que comunicação não é apenas o que você diz, mas o impacto que você causa nos outros. E esse impacto começa dentro de você. Outro ponto a ser considerado é que grande parte dos resultados negativos e problemas que enfrentamos em relacionamentos — sejam pessoais ou profissionais — vem da má comunicação. Já aconteceu com você de dizer algo e a outra pessoa entender completamente diferente? Isso é mais comum do que imaginamos. E o motivo é simples: geralmente, nos expressamos como nós entendemos, e não como o outro entende. Isso significa que, antes de "sair falando", é necessário considerar o contexto, o estado emocional da pessoa e até as diferenças culturais ou de experiência. Quando não fazemos isso, geramos desencontros. E desencontros levam a conflitos.

Um dos maiores problemas nas organizações é que não somos treinados para lidar com emoções negativas. Presumimos que, quando alguém está irritado, o problema é com a pessoa, e não com a situação. Isso cria um ciclo de conflitos que poderia ser evitado.

Por isso, alfabetizar-se emocionalmente — entender as próprias emoções e as dos outros — é essencial para qualquer líder. Isso envolve não apenas reconhecer sentimentos, mas também saber como gerenciá-los. Praticar a pausa antes de reagir é uma estratégia simples, mas poderosa. Antes de responder, respire e pergunte-se: "O que realmente está acontecendo aqui?".

Nosso cérebro está constantemente criando expectativas sobre o que vai acontecer. Quando essas expectativas são atendidas, sentimos uma emoção positiva. Por outro lado, quando a realidade não corresponde ao esperado, surge uma emoção negativa, que pode escalar para conflitos ou frustrações.

Como líder, seu papel é criar um espaço onde as pessoas se sintam ouvidas e seguras. Isso começa com a redução da contra-argumentação. Por exemplo, ao abordar um problema, em vez de adotar um tom de confronto, experimente reformular a conversa. Diga algo como: "Gostaria de entender melhor sua perspectiva antes de chegarmos a uma solução". Essa abordagem reduz a resistência inicial e abre espaço para um diálogo mais produtivo.

Imagine que você está discutindo com um colaborador sobre um projeto atrasado. Se você presume que ele estará na defensiva, sua postura provavelmente reforçará essa dinâmica. Em vez disso, que tal começar a conversa sem fazer julgamentos? "Sei que tivemos dificuldades no prazo. Gostaria de saber o que aconteceu. O que podemos fazer para ajustar essa situação juntos?" Assim, você evita alimentar reações emocionais negativas e abre espaço para uma real colaboração.

Isso passa por reforçar algo que discutimos no capítulo anterior: seus valores guiam a sua comunicação. Respeito, transparência, humildade e empatia são pilares que sustentam qualquer troca bem-sucedida. Como líderes, nossa responsabilidade é transmitir esses valores em cada interação, criando um ambiente onde as pessoas se sintam seguras para se expressar.

O afeto que recebemos em nossas interações muitas vezes reflete nossa necessidade de pertencimento. Como líderes, é fácil cair na armadilha de permitir que as emoções dos outros direcionem as nossas. O segredo está em manter um equilíbrio saudável entre empatia e firmeza.

Por exemplo, se um colaborador reage de forma negativa a um feedback, em vez de se abalar, use isso como uma oportunidade para fortalecer a conexão: "Entendo que isso possa ser difícil de ouvir, mas estou aqui para ajudar a superarmos juntos essa situação".

Se você percebe que sua equipe está hesitante em compartilhar ideias, pergunte-se: "Estou criando um ambiente onde as pessoas se sentem à vontade para colaborar?". Muitas vezes, pequenos ajustes em sua abordagem podem ter um grande impacto. Reconhecer que você pode não ter todas as respostas, mas que está disposto a buscar soluções em conjunto, inspira confiança e respeito.

Vale ressaltar aqui que nem toda comunicação é verbal. Na verdade, a maior parte da mensagem que transmitimos vem da nossa linguagem corporal, do tom de voz e até das expressões faciais. Nosso cérebro interpreta três tipos de comunicação:

1. Comunicação verbal: é o que dizemos. Mas atenção: falar não é o mesmo que comunicar. Muitas vezes, achamos que estamos sendo claros, mas estamos somente despejando informações. Uma boa comunicação verbal exige clareza, estrutura e, principalmente, intenção.

2. Comunicação não verbal: já reparou como o tom de voz ou o olhar podem transmitir mais do que mil palavras? A comunicação não verbal inclui gestos, postura, expressões faciais e até o silêncio. É aquele tipo de comunicação que os atores, por exemplo, sabem utilizar muito bem. Como líderes, precisamos estar atentos ao que estamos "dizendo" sem usar as palavras.

3. Comunicação escrita: no mundo corporativo, essa comunicação é indispensável. E-mails, relatórios e mensagens podem ser aliados poderosos — ou desastres em potencial. O segredo está na clareza e na simplicidade. Antes de enviar, pergunte-se: "Minha mensagem está realmente clara? Estou sendo objetivo?".

TÉCNICAS PARA MELHORAR SUA COMUNICAÇÃO

Quando se trata de liderar equipes, o impacto de uma comunicação respeitosa e estratégica é imenso. Com base em práticas que testei e refinei ao longo dos anos com minhas equipes, apresentarei agora algumas técnicas que podem transformar completamente o modo como você se comunica em seu ambiente de trabalho.

1. **Escute mais e fale menos**

   Quantas vezes você começou uma conversa já pensando na sua resposta, sem realmente ouvir o outro? A verdade é que muitas vezes estamos mais preocupados em expor nosso ponto de vista do que em entender o que está sendo dito. Liderar com empatia começa por ouvir, e não apenas com os ouvidos, mas principalmente com a mente aberta.

   Por exemplo, em uma reunião de feedback, resista à tentação de interromper ou de se justificar. Apenas ouça. Dê espaço para que a pessoa se expresse. Isso não apenas faz com que ela se sinta valorizada, mas dá a você informações importantes para construir uma resposta assertiva.

2. **Exponha os fatos**

   Fatos são a base de uma comunicação produtiva. Quando nos baseamos em suposições ou emoções, perdemos o foco e abrimos espaço para mal-entendidos. Se você precisa ter uma conversa mais delicada com alguém da equipe, prefira focar o comportamento ou o resultado observado, e não julgamentos.

Por exemplo, em vez de dizer: "Você é desorganizado", tente: "Notei que o relatório foi entregue com atraso nas últimas duas semanas. Isso afetou o cronograma do projeto". Assim, você mantém a conversa objetiva e construtiva.

3. Controle suas emoções

Liderar nem sempre é fácil. Haverá momentos de frustração, conflito e até mesmo decepção. Mas, como líder, você é o termômetro emocional da equipe. Se perder o controle, sua equipe também perderá. Controlar as emoções não significa reprimi-las, mas expressá-las de modo que ajudem, e não atrapalhem.

Por exemplo, ao lidar com um erro da equipe, em lugar de reagir com raiva, respire fundo e diga: "Vamos analisar o que deu errado para evitar que isso se repita no futuro". Essa abordagem mantém a confiança e a motivação da equipe intactas.

4. Não sequestre a história do outro

Um erro comum na comunicação é tentar transformar a experiência do outro na sua própria. Sabe aquela situação em que alguém compartilha um problema e você responde: "Ah, comigo aconteceu algo parecido...", e começa a contar sua história? Embora pareça que você está se conectando, na verdade, está tirando o foco do outro.

Ao ouvir um colaborador, deixe que ele conte a história sem interrupções. Mostre empatia genuína e resista à tentação de trazer o assunto para você. A comunicação empática é sobre o outro, não sobre você.

5. **Use o tom de voz adequado**

O tom de voz é tão importante quanto as palavras que você usa. Uma frase pode soar encorajadora ou crítica, dependendo do tom. Como líder, é sua responsabilidade ajustar o tom de voz para transmitir respeito e clareza, mesmo em situações difíceis.

Por exemplo, ao pedir a alguém que melhore a performance, use um tom firme, mas gentil: "Acredito no seu potencial e sei que você pode alcançar um desempenho ainda melhor". Essa abordagem constrói confiança em vez de resistência.

6. **Se não entender, pergunte**

Comunicação eficaz é uma via de mão dupla. Se algo não ficou claro, questione. Às vezes, tentamos evitar perguntas para não parecer desinformados, mas isso só gera mal-entendidos.

Por exemplo, em uma reunião de projeto, se um colaborador explicar uma ideia complexa, você pode dizer: "Pode detalhar um pouco mais? Quero ter certeza de que estou entendendo corretamente". Isso demonstra interesse e evita possíveis erros.

7. **Pratique a empatia**

Já falamos sobre empatia, mas aqui quero reforçar que ela é a espinha dorsal da comunicação eficaz. Só conseguiremos ser empáticos se compreendermos que cada um interpreta um fato ou uma fala à sua maneira. Assim, entendemos que as motivações de alguém são únicas e evitamos fazer julgamentos precipitados.

Por exemplo, se um colaborador se atrasar repetidamente, antes de supor desleixo, converse com ele: "Notei que você tem tido dificuldades com os horários. Há algo acontecendo que possamos resolver juntos?". Esse tipo de abordagem gera abertura e confiança.

8. Mantenha o respeito mútuo

Respeito é básico, mas não pode ser apenas uma teoria. Ele deve estar presente em cada interação. Isso inclui não interromper, não menosprezar ideias e valorizar as diferenças de opinião.

Por exemplo, em uma reunião em que surgem pontos de vista conflitantes, em vez de rejeitar uma ideia imediatamente, diga: "Obrigado por contribuir. Vamos considerar como isso pode se encaixar na solução". O respeito abre portas para a colaboração genuína.

9. Trabalhe com reciprocidade

Quando uma conversa fica difícil, concentre-se no objetivo em comum. Lembre-se do que estão tentando alcançar juntos, para o bem de todos. Isso ajuda a redirecionar a conversa para soluções.

Por exemplo, em um conflito sobre prioridades de projeto, você pode dizer: "Estamos todos aqui para garantir o sucesso do cliente. Como podemos trabalhar em reciprocidade para equilibrar as demandas?".

10. Tenha confiança e humildade

Liderança é sobre influência, não autoridade. Confiança e humildade são essenciais para construir relacionamentos sólidos. Não tenha medo de demonstrar vulnerabilidade ao errar, pois isso deixa claro que você é humano e está disposto a aprender com a equipe.

Por exemplo, se uma decisão sua não funcionou como era esperado, admita: "Minha abordagem não deu certo desta vez. Vamos trabalhar juntos para encontrar uma solução melhor". Isso não diminui a sua liderança, mas fortalece a sua credibilidade.

11. Reaja às ideias, não às pessoas

Separar a ideia do colaborador é um exercício de maturidade. Critique o problema, não quem o trouxe. Isso mantém o diálogo construtivo e evita que as pessoas se sintam atacadas. Por exemplo, em uma reunião de brainstorming, em vez de dizer: "Essa ideia não faz sentido", tente: "Que tal explorarmos outro ângulo para essa proposta?". Assim, você mantém o ambiente criativo e respeitoso.

12. Não discuta mentalmente

Quantas vezes você já ouviu algo e, mentalmente, começou a rebater antes mesmo de o outro terminar de falar? Isso impede a compreensão real do que está sendo exposto.

Da próxima vez, pratique a escuta plena, ou seja, esteja presente e focado no que o outro está falando, sem julgamentos. Deixe a pessoa terminar, reflita sobre o que foi falado e só então formule a sua resposta. Essa pausa evita reações impulsivas e melhora, significativamente, a qualidade da conversa.

COMO LIDAR COM CONVERSAS DIFÍCEIS

Agora, vamos falar sobre aquele tipo de conversa que pode nos deixar com um nó na garganta e que muitas vezes preferimos evitar ou adiar. Todos nós podemos passar por essa situação durante a vida. Seja terminar um relacionamento, dar aquele feedback delicado a um colaborador ou participar de uma negociação complicada. São situações que exigem o nosso melhor — emocional e racionalmente.

Imagine um triângulo. De um lado, temos opiniões divergentes. Do outro, altos interesses. E, na base, emoções afloradas. Quando esses três elementos se encontram, você tem uma conversa difícil pronta para acontecer. Mas aqui vai uma boa notícia: com as ferramentas certas, essas conversas podem se tornar menos pesadas e, acredite, até transformadoras.

Já parou para pensar no que está por trás de uma emoção forte? Muitas vezes, é uma necessidade humana que ainda não foi atendida. Essa é uma das ideias mais bonitas que Marshall Rosenberg trouxe ao desenvolver o conceito de comunicação não violenta (CNV). É reconfortante saber que, por trás de todo conflito, por mais desconfortável que seja, existe uma chance real de compreender as necessidades do outro, criar uma conexão genuína e aprendizado mútuo.

A CNV nos convida a olhar para além das palavras ásperas ou das atitudes difíceis. Imagine uma situação no trabalho: um colega chega com um tom exaltado, talvez até parecendo agressivo, e exige uma solução imediata para determinado problema. O reflexo inicial pode ser se defender ou revidar, mas a CNV nos sugere um caminho diferente. Ela ensina que, antes de reagirmos, devemos observar a situação, nomear os sentimentos que surgem, identificar as necessidades por trás deles e, só então, formular um pedido claro.

Rosenberg destaca quatro padrões principais de comunicação: passivo, agressivo, assertivo e passivo-agressivo. Cada um deles reflete diferentes formas de lidar com nossas necessidades e com os conflitos que surgem ao redor.

- **Passivo:** aceita o que é imposto, ainda que isso custe a própria satisfação.
- **Agressivo:** exige que suas necessidades sejam atendidas, mesmo à custa dos outros.
- **Assertivo:** encontra o equilíbrio entre defender suas necessidades e respeitar as dos demais.
- **Passivo-agressivo:** expressa insatisfações de forma indireta, gerando desconforto e confusão.

A liderança humanizada pede que cultivemos a comunicação assertiva, mas também que compreendamos os desafios de quem adota outros estilos. Afinal, a comunicação é uma dança, e nosso papel como líderes é ajudar nossos colaboradores a encontrar o ritmo certo.

Como ensina Rosenberg, a essência da CNV é aprender a se conectar às necessidades, tanto às suas quanto às do outro, para criar um espaço de diálogo e entendimento.

Para incorporar esse tipo de comunicação no seu dia a dia, as três dicas principais são as seguintes:

- **Ouvir com o coração:** prestar atenção ao que está além das palavras.
- **Escolher bem as palavras:** substituir as críticas por observações construtivas.
- **Pedir, não exigir:** transformar demandas em convites.

A CNV é um convite ao crescimento, tanto pessoal quanto coletivo. Não é sobre ser perfeito, mas tentar, a cada interação, criar mais conexão e menos separação. Em vez de ser apenas uma teoria bonita, ela nos oferece práticas aplicáveis, especialmente em situações em que há tensão, emoções à flor da pele ou diferenças de opinião. Para facilitar, vou dar a você alguns exemplos práticos:

Exemplo 1: Feedback assertivo e empático

Imagine que um colaborador, que geralmente entrega bons resultados, começou a atrasar prazos e apresentar erros nas tarefas. É natural que o líder queira cobrar uma melhora imediata, mas como fazer isso sem desencorajar o colaborador ou criar uma relação de tensão?

Como seria com CNV:

1. **Observação:** "Notei que, nas últimas semanas, algumas entregas foram feitas fora do prazo e com alguns erros".
2. **Sentimento:** "Isso me deixou preocupada porque pode impactar o desempenho da equipe como um todo".

3. **Necessidade:** "Eu entendo que todos têm momentos difíceis, mas precisamos garantir que o fluxo do trabalho continue funcionando bem".

4. **Pedido:** "Gostaria de saber se há algo que possamos ajustar para ajudá-lo a entregar no prazo novamente".

Essa abordagem demonstra interesse genuíno em compreender o que está acontecendo e em apoiar o colaborador, ao mesmo tempo que comunica claramente as necessidades da empresa.

Exemplo 2: Resolução de um conflito entre membros da equipe

Conflitos entre colaboradores são inevitáveis. Suponha que dois membros de um time estejam constantemente discutindo sobre prioridades, e isso gere tensão no ambiente. Nesse caso, costumo chamá-los para uma conversa individual e, posteriormente, em conjunto.

Como seria com CNV:

1. **Observação:** "Tenho percebido que, nas últimas reuniões, surgiram divergências frequentes entre vocês em relação às prioridades dos projetos".

2. **Sentimento:** "Fico preocupada porque isso pode criar um ambiente menos colaborativo".

3. **Necessidade:** "É importante que todos se sintam ouvidos e que o trabalho flua de forma harmônica".

4. **Pedido:** "Vamos marcar um momento para conversarmos juntos e entendermos como alinhar melhor as prioridades e evitar esses desgastes".

Aqui, o líder age como um facilitador, incentivando o diálogo construtivo sem tomar lados nem julgar.

Exemplo 3: Pedidos de aumento salarial

Receber um pedido de aumento salarial pode ser desafiador, especialmente quando o orçamento está apertado ou quando não é possível atender à solicitação de imediato. A forma como o líder comunica isso pode fazer toda a diferença.

Como seria com CNV:

1. **Observação:** "Entendo que você está pedindo um aumento porque acredita que suas contribuições são significativas para a empresa".
2. **Sentimento:** "Aprecio muito sua dedicação e esforço, e imagino que você esteja buscando um reconhecimento adicional".
3. **Necessidade:** "No momento, estamos ajustando o orçamento e avaliando critérios para aumentos futuros".
4. **Pedido:** "Vamos revisar juntos seus resultados recentes e traçar um plano de desenvolvimento para que possamos reavaliar esse pedido nos próximos meses?".

Essa abordagem demonstra respeito pelo colaborador e pela sua solicitação, sem prometer algo impossível.

Exemplo 4: Reorganização de tarefas

Um cenário comum em muitas equipes é a sobrecarga de trabalho em um ou mais membros, enquanto outros podem estar sendo subutilizados. Como redistribuir tarefas de forma justa sem criar ressentimentos?

Como seria com CNV:

1. **Observação:** "Notei que algumas pessoas na equipe estão sobrecarregadas, enquanto outras têm mais espaço na agenda".
2. **Sentimento:** "Isso me preocupa, porque pode gerar desmotivação ou até esgotamento para alguns".
3. **Necessidade:** "Precisamos equilibrar a carga de trabalho para que todos tenham uma rotina mais saudável e produtiva".
4. **Pedido:** "Vamos discutir como podemos redistribuir as tarefas de forma justa e eficiente, garantindo que ninguém se sinta sobrecarregado".

Ao envolver a equipe na busca por soluções, o líder fortalece o senso de pertencimento e colaboração.

Exemplo 5: Comunicação não violenta em reuniões

Reuniões podem ser um terreno fértil para tensões. Um colaborador pode interromper constantemente os demais; outro pode trazer um tom mais agressivo nas críticas, e o líder precisa mediar tudo isso sem perder a autoridade. Imagine que um membro da equipe faz uma crítica direta ao trabalho de um colega, gerando desconforto visível.

Como seria com CNV:

1. **Intervenção imediata:** "Entendo que você tem sugestões importantes sobre o trabalho, mas acredito que podemos apresentar isso de uma forma mais construtiva".

2. **Alinhamento posterior:** após a reunião, converse com o colaborador em particular: "Notei que seu comentário causou desconforto. Acredito que você tenha boas intenções, mas que tal ajustarmos a forma de expor as críticas nos próximos encontros?".

3. **Reforço coletivo:** no início da reunião seguinte, reforce as boas práticas de comunicação: "Lembrem-se de que estamos aqui para trabalhar como um time. Vamos sempre buscar formas de contribuir de maneira construtiva".

A CNV nos convida a liderar de forma humana, equilibrando razão e emoção. É sobre olhar além do comportamento superficial e tentar compreender o que está realmente acontecendo. Nem sempre será fácil, muito menos perfeito, mas, a cada conversa empática que temos, plantamos uma semente de confiança, respeito e colaboração.

"A comunicação eficaz não diz respeito apenas a transmitir uma mensagem, mas a criar conexões genuínas e gerar compreensão mútua. Isso se tornou muito claro para mim no maior desafio que já enfrentei nessa área: a comunicação com meu sócio e esposo. Ele sempre acreditou que administrar uma fazenda e um hotel exigiam as mesmas habilidades, ignorando as particularidades de cada segmento. No início, nossas conversas pareciam um campo minado — cada troca de palavras trazia mais tensão do que solução.

Foi somente ao buscar terapia e aprender algumas técnicas de programação neurolinguística (PNL) que consegui mudar minha abordagem. Passei a estruturar melhor os diálogos, escolher os momentos certos para abordar questões importantes e, principalmente, compreender melhor o ponto de vista dele. Com isso, conseguimos alinhar nossa comunicação, tornando as discussões mais produtivas e fortalecendo a relação pessoal e profissional.

Minha evolução na comunicação também teve um impacto direto na forma como lidero. Quando deixei a advocacia para me tornar hoteleira, percebi que precisava ajustar minha postura e linguagem para me conectar melhor com minha equipe. Com um tom mais acessível e uma abordagem menos formal, vi um impacto positivo imediato: as pessoas começaram a se sentir mais confortáveis para compartilhar ideias e desafios, o que refletiu na qualidade do trabalho e na harmonia do ambiente.

A comunicação não verbal também se tornou um diferencial. Aprendi que a forma como me apresento, o tom de voz e a postura são tão importantes quanto as palavras que escolho. Houve um episódio marcante com um hóspede que estava visivelmente alterado. Ele reagiu com agressividade ao saber que falaria diretamente comigo, mas, assim que cheguei, mantive uma postura serena e um tom de voz mais baixo. A mudança na energia da conversa foi instantânea. Em poucos minutos, ele já havia se acalmado e terminou a conversa pedindo desculpas.

Outra grande transformação ocorreu quando percebi que precisava tornar minha liderança mais acessível. Para isso, comecei por um detalhe que pode parecer simples, mas que teve um impacto significativo: meu estilo de me vestir. Deixei de lado a formalidade excessiva e adotei um visual que refletisse mais proximidade, sem perder a elegância e a credibilidade que o hotel exige. Esse pequeno ajuste gerou um efeito poderoso — minha equipe passou a me ver como alguém mais acessível, o que fortaleceu a confiança e a colaboração no dia a dia.

A comunicação é um processo vivo, que exige adaptação constante. Com o tempo, aprendi que se comunicar bem não significa apenas falar de forma clara, mas entender a maneira como o outro recebe a mensagem. E, principalmente, criar um ambiente onde todos se sintam ouvidos e compreendidos."

Maristela Frizon,
CEO *da empresa Vie Hotel*

CAPÍTULO 4

QUARTO PILAR:

O tripé da liderança humanizada

Em cada degrau da escada da existência rumo à plenitude, encontramos a razão para discernir, a emoção para sentir e a espiritualidade para transcender.

Já passamos por temas importantes, como autoconsciência, empatia e comunicação. Todos esses elementos são fundamentais como estratégias para uma liderança humanizada, mas agora quero falar sobre mais uma peça essencial desse quebra-cabeça: a integração das três inteligências — QI (inteligência intelectual), QE (inteligência emocional) e QS (inteligência espiritual).

Você já deve ter percebido que liderar não é apenas atingir metas, gerar lucro, resolver problemas com rapidez ou entender as emoções da equipe. Tem horas que a vida nos pede algo mais profundo, um olhar que vai além do dia a dia, que conecta nossas ações aos nossos propósitos e valores. E é exatamente aqui que essas três inteligências se entrelaçam. Em minha jornada de 25 anos sendo responsável por pessoas e negócios, acredito ter chegado aonde cheguei porque aprendi a explorar, utilizar e potencializar cada uma das três inteligências no momento certo.

Vou dar um exemplo: sabe quando você precisa tomar uma decisão difícil? De um lado, a lógica aponta uma solução clara. De outro, as emoções dizem outra coisa. E, lá no fundo, aquela voz interior pergunta: "Isso está realmente alinhado com o que acredito?". É nesse ponto que o QI, o QE e o QS se encontram e precisam trabalhar juntos.

Imagine-se na plateia de um grande concerto. Os músicos preparam seus instrumentos, afinam tudo com cuidado e aguardam o sinal do maestro. De forma semelhante, a vida também requer uma harmonia entre diferentes inteligências para tocar uma melodia de sucesso e equilíbrio. Desde tempos ancestrais, a inteligência sempre foi essencial para nossa compreensao do que significa ser humano. Tradicionalmente, o foco esteve no QI, uma medida de nossas habilidades cognitivas e racionais. Porém, hoje sabemos que o QI só responde de 4% a 25% dos fatores que determinam uma vida de sucesso. Esse é o "baixo contínuo" da nossa orquestra interior, que dá estrutura, mas não necessariamente emoção e sentido.

A mente racional, representada pelo QI, é nossa capacidade de raciocínio lógico, análise crítica e resolução de problemas. É o que utilizamos para compreender textos complicados, resolver cálculos matemáticos e planejar estratégias. Como o baixo contínuo que mantém o tempo na música, o QI fornece a base sólida para as outras inteligências florescerem. Mas somente o QI não basta para uma vida equilibrada e uma liderança assertiva. Aqui entra o QE, o coração pulsante de nossa sinfonia interior. Como bem disse o psicólogo e escritor Daniel Goleman, a inteligência emocional é a capacidade de identificar nossos próprios sentimentos, bem como os dos outros, e de usá-los para nos motivarmos e gerenciarmos nossas emoções de forma construtiva. Essa capacidade é fundamental tanto para a nossa saúde mental como para as nossas relações interpessoais e para o sucesso em geral.

O QE pode ser comparado ao som do violino em uma orquestra, carregado de emoções e nuances que tocam diretamente os nossos corações. Quando desenvolvidos, nossos "músicos" internos do QE nos ajudam a navegar pelos altos e baixos da vida, proporcionando resiliência, empatia e uma comunicação eficaz.

Chegamos então ao QS, que pode ser visto como a harmonia da alma. O QS é menos tangível e talvez mais difícil de medir ou definir, mas ele permeia tudo o que fazemos, oferecendo significado e propósito. É a "melodia" que nos conduz ao longo da vida, a parte de nossa sinfonia interior que ressoa com o nosso eu mais profundo e com o universo ao redor. O QS pode envolver práticas de meditação, momentos de reflexão e até mesmo a participação em atividades que nos conectem com algo maior do que nós mesmos. Em uma orquestra, essa seria a nota solitária de um oboé ou um clarinete que de repente dá vida à música, provocando emoções e reflexões.

Integrar QI, QE e QS é como compor uma obra-prima musical, em que cada elemento tem seu papel, mas, ao combinar-se com os demais, cria algo muito maior que a soma das partes.

Mas não estou aqui para dizer que uma dessas inteligências é mais importante do que a outra. O que importa é encontrar o equilíbrio entre elas, para que você se torne um líder forte, consciente e transformador. Quando essas três inteligências estão em harmonia, a liderança não só entrega resultados — ela também inspira e transforma aqueles ao seu redor. Em outras palavras, um líder se torna mais do que eficaz — ele se torna um exemplo. Vamos explorar isso juntos ao longo deste capítulo?

QI: A BASE RACIONAL DA LIDERANÇA

No compasso da nossa sinfonia da inteligência, começamos com o QI, o prelúdio racional que serve como base para todas as outras formas de inteligência. Assim como o ritmo e a métrica são essenciais para a criação de uma peça musical coerente, o QI oferece os fundamentos necessários para pensarmos de forma lógica e estruturada. Mas quais são os elementos que compõem essa base racional? E como podemos utilizá-la de maneira harmoniosa com os outros "instrumentos" da nossa orquestra mental?

O QI é classicamente definido como uma medida das nossas capacidades cognitivas, incluindo raciocínio lógico, resolução de problemas e habilidades analíticas. É uma espécie de maestro invisível que guia a nossa capacidade de compreensão e a execução de tarefas que requerem pensamento estruturado.

A mente racional nos permite processar informações, refletir e tomar decisões ponderadas — um passo inicial indispensável para qualquer empreendimento que requeira mais do que mero instinto ou emoção.

É interessante contrapor a constância do QI ao dinamismo do QE e do QS. Segundo Daniel Goleman, a inteligência emocional pode ser aprimorada ao longo da vida, aumentando nossa capacidade de identificar os sentimentos, tanto os próprios como os alheios, gerando motivação e gerenciando emoções para influenciar positivamente o ambiente ao nosso redor.

Quando desenvolvemos nossa competência emocional, abrimos a porta para um desempenho ainda melhor das nossas capacidades racionais.

Muitas das nossas reações e ações são guiadas por uma complexa interação entre diferentes partes do cérebro: o neocórtex, responsável pelo raciocínio e pela reflexão; o sistema límbico, encarregado das emoções; e o cérebro reptiliano, que rege os instintos básicos de sobrevivência. Entender essa dinâmica é crucial para perceber como as emoções podem tanto potencializar como obstruir o funcionamento racional.

Desenvolver uma inteligência racional forte é reconhecer que, apesar dos limites impostos pela genética e pelas condições familiares e sociais, o nosso cérebro possui uma incrível plasticidade. Mesmo o QI, conhecido por ser mais estável ao longo da vida, pode ser enriquecido por experiências de aprendizado contínuo, resolução de problemas complexos e reflexões profundas.

Enquanto a inteligência emocional tem o poder de se transformar e crescer, aprimorando nosso controle sobre impulsos e mantendo nosso foco, o QI é a arte de dominar o "como". É a técnica, a metodologia, os acordes básicos que sustentam a melodia completa da vida. Aplicar essa base racional de forma eficiente não só potencializa outras inteligências, mas também nos prepara para os desafios que exigem um alto nível de análise, planejamento e execução.

Se compararmos a construção de um grande edifício com a construção do conhecimento, o QI seria os alicerces sólidos e bem planejados, necessários para sustentar cada andar que edificamos em nossas mentes. Sem essa base, qualquer desafio pode desmoronar nossas estruturas emocionais e espirituais.

Para integrar o QI em nossa vida de forma equilibrada, o autoconhecimento e a autodisciplina são essenciais. Precisamos constantemente desafiar nossa mente com novos aprendizados, resolver quebra-cabeças complexos e nos envolver em debates intelectuais que expandam nossas perspectivas. E essa integração deve ser um processo contínuo de alinhamento entre o raciocínio frio e a empatia quente, entre a lógica e o sentimento, entre o cálculo e a intuição.

Sou contadora e lidero uma empresa de contabilidade e gestão empresarial, composta de profissionais extremamente técnicos, com perfil analítico. E há praticamente vinte anos realizamos treinamentos focados no desenvolvimento desses profissionais como seres humanos. Cerca de cinco anos após assumir a liderança da minha empresa, percebi que apenas a lógica e o cálculo não seriam suficientes para engajar e inspirar pessoas. Conforme nossa equipe começou a crescer, observei que saber realizar cálculos não seria suficiente para formar uma grande orquestra e fazer com que todos tocassem em sintonia. Foi importante unir as três inteligências para conquistar um resultado incrível. Assim, o turnover da nossa empresa diminuiu significativamente e o engajamento da equipe aumentou.

DESENVOLVENDO O QI NA PRÁTICA

O desenvolvimento do QI envolve tanto o aprimoramento de habilidades analíticas quanto o fortalecimento da capacidade de resolver problemas em cenários complexos. Deixo aqui algumas estratégias que podem ajudar:

1. **Praticar a resolução de problemas complexos**

   Líderes com um QI desenvolvido costumam buscar desafios que estimulem seu pensamento crítico. Participar de discussões sobre temas complexos e simulações de negócios pode ajudar a exercitar essa habilidade.

2. **Melhorar a capacidade de análise de dados**

   Com o volume crescente de informações no ambiente corporativo, saber interpretar dados é uma competência essencial. Investir em cursos de análise de dados ou *business intelligence* pode fortalecer essa capacidade.

3. Buscar formações em pensamento estratégico

O pensamento estratégico ajuda a planejar ações que levam a resultados sustentáveis. Programas de MBA e workshops especializados em estratégia oferecem uma boa base para isso.

Exemplos de liderança baseada em QI

Cristina Junqueira (Nubank)

Cristina Junqueira, cofundadora do Nubank, é um exemplo de liderança que se destaca pela visão analítica e estratégica. Ao identificar uma oportunidade para simplificar o acesso a serviços financeiros em um mercado dominado por grandes bancos, ela contribuiu para a criação de uma solução inovadora que atraiu milhões de clientes. Essa capacidade de análise de cenários complexos e busca de soluções disruptivas foi essencial para posicionar o Nubank como o maior neobanco do mundo.

Mary Barra (General Motors)

Mary Barra demonstrou grande competência ao liderar a General Motors em tempos de crise. Seu estilo de liderança é marcado pela habilidade de analisar problemas operacionais complexos e promover reestruturações eficientes. Essa abordagem estratégica permitiu avanços em áreas como veículos elétricos e autônomos, consolidando o futuro sustentável da empresa.

Como identificar oportunidades de crescimento

Não se trata apenas de testes formais de inteligência, mas de avaliar a sua capacidade de lidar com situações desafiadoras no dia a dia, entre elas:

- A rapidez com que você compreende problemas complexos.
- A eficiência com que propõe soluções baseadas em evidências.

- A qualidade das suas análises de risco em projetos.

Sessões de feedback e mentorias também podem revelar onde estão suas principais oportunidades de desenvolvimento. Um líder consciente dessas áreas estará sempre pronto para aprimorar as capacidades e alcançar um impacto mais duradouro.

QE: A INTELIGÊNCIA QUE CONECTA CORAÇÕES

Acredito que a inteligência emocional seja um dos maiores diferenciais de um líder nos dias de hoje. Ela não é apenas uma habilidade abstrata ou teórica; é prática, real e profundamente transformadora. Quando entendemos que nossas emoções são sinais — e não obstáculos —, conseguimos navegar por situações difíceis com sabedoria. E isso é o que realmente inspira as pessoas ao nosso lado.

Voltando à analogia da orquestra, imagine uma sinfonia em que cada instrumento toca uma nota diferente, mas tudo se harmoniza em uma melodia única e envolvente. Assim é a vida quando dominamos o QE. Afinal, inteligência não se resume apenas ao QI; é a capacidade emocional que muitas vezes desempenha o papel mais importante em nossa trajetória pessoal e profissional.

Para que possamos entender melhor a importância da inteligência emocional, vale mencionar que, ao longo de nossa vida, várias forças moldam nossas emoções e, consequentemente, nosso comportamento: genética, sistema familiar, aspectos sociais, pressão cultural, experiências, interpretação e memórias. O desenvolvimento da inteligência emocional começa a partir do nosso autoconhecimento e da autoconsciência.

A autoconsciência, amplamente abordada no pilar do capítulo 1, nos permite um entendimento profundo da nossa máquina interna, para que possamos entender nossas ações e reações diante de decisões a serem tomadas e problemas a serem resolvidos, encarando os desafios da liderança de uma forma mais leve.

O maior combustível para que desenvolvamos a inteligência emocional é entender que podemos produzir comportamentos mais vantajosos, que aumentem as chances de sermos muito mais assertivos em todos os âmbitos da nossa vida. Em um ambiente corporativo, a inteligência emocional nos ajuda a nos relacionar melhor com as pessoas, a nos comunicar de forma mais eficaz e, principalmente, a entender o funcionamento emocional dos outros para obter resultados positivos em negociações e feedbacks. A habilidade de controlar emoções é essencial para manter a concentração e a capacidade de raciocínio sob pressão, facilitando o equilíbrio entre vida pessoal e trabalho.

Muitas vezes, emoções e sentimentos são tratados como sinônimos, mas, na realidade, são conceitos distintos que merecem atenção. Segundo o autor e neurocientista António Damásio, **emoções** são programas de ação, comandados e coordenados pelo cérebro, que recrutam o corpo inteiro para mudanças que têm por objetivo a sobrevivência do indivíduo. É como se nosso cérebro nos enviasse um "alarme" para agir. A emoção leva menos de um segundo para acontecer e é formada por processos fisiológicos operados pelo cérebro. Eles são automáticos, ou seja, você não escolhe sentir uma emoção assim como escolhe comer algo. Um exemplo fácil para compreender como as emoções são automáticas é quando nos deparamos com uma situação de extremo perigo, como estar diante de um tubarão. Nosso instinto de sobrevivência vai ser recrutado, ativando nosso sistema de luta ou de fuga. Nesse momento, não escolhemos sentir dor de barriga ou o coração acelerar. Essas reações acontecem espontaneamente, por isso são chamadas de emoções.

Já o sentimento vem a partir da interpretação e da reação a uma emoção. É a sua percepção consciente. No exemplo do tubarão, o sentimento pode ser denominado como medo. Começar a entender conceitos como emoção e sentimento é fundamental para iniciarmos a leitura dos nossos padrões emocionais, os quais, como já disse, são formados e estruturados ao longo da vida pelas inúmeras experiências que vivemos, pelo ambiente em que estamos inseridos, pelo nosso sistema familiar, pela nossa genética.

Como isso afeta os líderes? Quando compreendemos essa diferença, conseguimos identificar com mais clareza o que estamos sentindo e por quê. E, a partir daí, podemos responder de forma mais consciente, em vez de simplesmente reagir no calor do momento.

Quando os líderes investem em inteligência emocional, os benefícios vão muito além do desenvolvimento pessoal. Estudos mostram que equipes lideradas por pessoas emocionalmente inteligentes são mais engajadas, resilientes e produtivas. Isso porque a inteligência emocional cria um ambiente de trabalho saudável, onde todos se sentem valorizados e conectados ao propósito da organização.

Por exemplo, um líder que reconhece a frustração de sua equipe diante de metas difíceis pode organizar uma reunião para discutir ajustes ou oferecer suporte extra. Esse gesto de compreensão aumenta a confiança e o comprometimento dela, transformando um potencial problema em uma oportunidade de crescimento coletivo.

Um líder em nossa empresa enfrentou uma crise significativa em sua equipe. Conflitos internos, mudanças e alta rotatividade estavam ameaçando seu sucesso. Ele sempre teve um QI elevado, mas a verdadeira transformação começou quando decidiu desenvolver sua inteligência emocional.

Ele praticou o autoconhecimento e a autoconsciência e começou a identificar as próprias emoções e a refletir sobre como suas reações afetavam a dinâmica da equipe. Ao empregar a técnica de meditação regular e manter um diário emocional, tornou-se mais consciente de suas emoções e sentimentos.

Como resultado, ele foi capaz de empregar a empatia e autorregulação para melhorar os relacionamentos no trabalho. Esse líder agiu de maneira mais assertiva, menos reativa, e aprendeu a dar e receber feedback de maneira construtiva. A equipe enfim encontrou equilíbrio e eficiência.

Um erro comum é pensar que decisões racionais devem ignorar as emoções. Na verdade, as emoções são uma fonte valiosa de informação. Elas nos ajudam a identificar o que realmente importa. Por exemplo:

- Se você sente medo diante de uma decisão, pergunte-se: "Estou temendo o fracasso ou essa é uma reação a um risco real?".
- Se você sente entusiasmo, avalie: "Estou empolgado porque isso está alinhado com meus valores ou porque quero impressionar os outros?".

Eu mesma já tomei decisões com base em uma mistura de lógica e intuição — e, ao longo do tempo, percebi que as melhores escolhas vêm quando reconheço e integro minhas emoções no processo. E só consigo fazer isso quando desenvolvo a autopercepção.

Daniel Goleman define cinco pilares principais para desenvolver a inteligência emocional: autoconhecimento, autorregulação, motivação, empatia e habilidades sociais.

- **Autoconhecimento**
  Tudo começa por aqui. Um líder que conhece suas emoções e seus gatilhos é mais capaz de gerenciá-los. Você já percebeu como certos comentários ou situações específicas provocam reações intensas? Identificar esses padrões é o primeiro passo para evitar comportamentos impulsivos. Pergunte-se: "Por que essa situação me afeta tanto? Como posso lidar com isso de forma mais produtiva?".
- **Autorregulação**
  Autorregulação não significa reprimir suas emoções, mas

sim encontrar maneiras saudáveis de expressá-las. Imagine um líder que, em vez de elevar a voz diante de uma equipe, escolhe pausar, respirar e responder com clareza. Isso constrói um ambiente de respeito e confiança.

- **Motivação**
A inteligência emocional nos ajuda a manter o foco em objetivos maiores, mesmo quando enfrentamos desafios. Líderes motivados inspiram suas equipes, mostrando que, inclusive em momentos difíceis, há um propósito claro.

- **Empatia**
Um dos aspectos mais transformadores da inteligência emocional, a empatia é a habilidade de se colocar no lugar do outro e entender sua perspectiva. No ambiente corporativo, isso significa ouvir ativamente sua equipe, reconhecer as dificuldades individuais e oferecer suporte.

- **Habilidades sociais**
Finalmente, as habilidades sociais são fundamentais para criar conexões genuínas. Líderes emocionalmente inteligentes sabem se comunicar de forma clara, resolver conflitos com habilidade e fortalecer as relações dentro da equipe.

Para ilustrar como a inteligência emocional pode transformar lideranças, vou compartilhar histórias de líderes mulheres que aplicaram esse conceito em contextos desafiadores — e de quem talvez você ainda não tenha ouvido falar tanto, mas que merecem ser reconhecidas.

1. Roz Brewer, ex-CEO da Walgreens Boots Alliance

Roz Brewer foi uma das poucas mulheres negras a liderar uma grande empresa nos Estados Unidos. Em sua gestão, enfrentou momentos complexos de transformação organizacional e pressão externa. Em vez de endurecer, Brewer adotou uma abordagem de escuta ativa e comunicação cuidadosa, buscando entender os medos e expectativas das equipes em tempos de incerteza.

Ela é conhecida por manter conversas francas com seus colaboradores, equilibrando firmeza com empatia. Isso não apenas fortaleceu a cultura interna, mas também ampliou a confiança dos investidores e parceiros. Quando leio sobre a trajetória dela, me pergunto: "Estou realmente escutando as pessoas à minha volta ou apenas respondendo no automático?".

2. Emma Walmsley, CEO da GSK (GlaxoSmithKline)

À frente de uma das maiores empresas farmacêuticas do mundo, Emma enfrentou resistência por ser a primeira mulher a liderar a companhia. Ainda assim, em vez de tentar se impor com dureza, ela apostou na transparência, na confiança mútua e na valorização dos talentos internos.

Durante reestruturações importantes, manteve um estilo de liderança firme, mas humano, preocupando-se com o bem-estar das pessoas ao mesmo tempo que conduzia decisões difíceis. Sua inteligência emocional ficou evidente na forma como soube equilibrar pressão ao buscar resultados e a necessidade de cuidar das pessoas.

Essas líderes nos lembram que a inteligência emocional não é só um diferencial — é uma estrela guia. Quando bem desenvolvida, ela nos ajuda a atravessar mares turbulentos sem perder de vista o que realmente importa: as pessoas.

Se mulheres como Roz Brewer e Emma Walmsley conseguiram gerar grandes impactos a partir da escuta, da sensibilidade e da coragem emocional, por que nós não faríamos o mesmo nas nossas realidades? Seja em um time pequeno, uma escola, um escritório, um negócio de família ou uma organização com centenas de colaboradores — a inteligência emocional sempre encontra espaço para florescer. E a transformação começa dentro da gente.

Atividades que você pode fazer para desenvolver sua inteligência emocional e a de sua equipe:

- **Reconhecer suas próprias emoções**

  Não posso enfatizar o suficiente a importância de reconhecer o que estamos sentindo. Quando me sinto frustrada ou sobrecarregada, aprendi a me perguntar: "De onde isso vem? O que essa emoção está tentando me dizer?". Essa simples pausa me ajuda a evitar respostas impulsivas e a tomar decisões mais conscientes.

- **Criar espaço para as emoções dos outros**

  Recentemente, um amigo compartilhou que seu líder permitiu que ele saísse do trabalho mais cedo durante um período difícil. Essa atitude — pequena, mas significativa — mostrou empatia e respeito. Eu tento praticar isso com as pessoas ao meu redor, ouvindo ativamente e oferecendo apoio quando necessário.

- **Fazer pausas conscientes**

  Antes de responder a um e-mail irritante ou reagir a uma situação desafiadora, respire. Isso cria um espaço entre o estímulo e a resposta, permitindo que você escolha como agir.

- **Praticar a escuta ativa**

  Ouça sua equipe com atenção total, sem interromper ou formular respostas enquanto a pessoa ainda está falando. Isso não só melhora a comunicação, mas também demonstra respeito e empatia.

- **Dar e receber feedback com equilíbrio**

  Ao oferecer feedback, escolha suas palavras com cuidado e seja claro em relação aos pontos a melhorar. Da mesma forma, receba críticas com abertura, vendo-as como uma oportunidade de crescimento.

- **Validar as emoções dos outros**
  Um bom líder não tem medo de admitir que está frustrado ou cansado, mas faz isso de forma construtiva. Da mesma forma, reconheça os sentimentos da sua equipe. Um simples "Entendo como isso deve estar sendo difícil para você" pode mudar completamente o tom de uma conversa.
- **Desenvolver um ambiente emocionalmente seguro**
  Equipes florescem quando se sentem seguras para expressar ideias e emoções sem medo de julgamento. Promova diálogos abertos e construtivos, incentivando uma cultura de apoio mútuo.
- **Estabelecer um propósito claro**
  Lembro-me de uma equipe que estava desmotivada porque as metas pareciam inatingíveis. Ao ajustar os objetivos e alinhá-los com os valores do grupo, o astral melhorou drasticamente. Aprendi que, quando conectamos metas ao propósito, despertamos motivação genuína.
- **Incentivar o autocuidado**
  Realizamos na nossa empresa palestras e treinamentos relacionados ao autocuidado e ao bem-estar, trazendo assuntos como alimentação saudável, atividade física, saúde e espiritualidade, além de incentivarmos a prática de esportes. É incrível como essas pequenas ações reforçam a inteligência emocional coletiva.

QS: A INTELIGÊNCIA QUE NOS GUIA COM PROPÓSITO

Enquanto o QI e o QE são amplamente discutidos, o QS — inteligência espiritual — é menos explorado. No entanto, é o QS que ajuda os líderes a alinhar suas decisões com valores mais profundos e com um propósito maior.

No deslumbrante palco da vida, o QS surge como a harmonia da alma, unindo as notas dispersas do QI e do QE para criar uma sinfonia equilibrada e ressonante. Se anteriormente vimos o quão vital é o autoconhecimento e a autoconsciência para o desenvolvimento da inteligência emocional, agora nos aprofundaremos na compreensão da essência espiritual que nos guia e molda nossa jornada.

Tal como uma música que acalma e inspira, a inteligência espiritual nos convida a viver de maneira que nossos valores mais profundos estejam alinhados com nossas ações diárias. Não se trata apenas de reconhecimento de emoções ou de capacidades racionais, mas de uma conexão íntima com algo maior, que transcende o tangível.

Ao contrário do que possa parecer à primeira vista, o QS não está ligado apenas a crenças religiosas, mas à capacidade de dar sentido, propósito e profundidade às nossas ações e decisões. Eu mesma, ao explorar esse conceito, percebi que ele atua como um eixo central, equilibrando a racionalidade do QI com a empatia do QE.

Mas, afinal, o que é a inteligência espiritual? E como ela pode transformar a forma como lideramos?

O QS é a habilidade de acessar nossos valores mais profundos e alinhar nossas decisões com um propósito maior. É essa inteligência que nos permite encontrar significado nas dificuldades, agir de forma ética mesmo em situações complexas e enxergar o impacto de nossas ações além dos resultados imediatos.

Gosto de pensar no QS como uma bússola interna. Enquanto o QI é como um mapa que nos guia com lógica e o QE funciona como um termômetro das emoções, o QS nos dá a direção mais ampla, baseada no "porquê" de tudo o que fazemos.

Por exemplo, imagine um líder diante de uma decisão difícil: cortar gastos na empresa. Ele pode usar seu QI para calcular os impactos financeiros e seu QE para comunicar a decisão com empatia, mas é o QS que vai perguntar: "Qual é o impacto dessa decisão no futuro das pessoas? Como posso tomar essa decisão de forma que respeite nossos valores fundamentais?".

Gosto de usar uma metáfora para explicar como essas três inteligências se complementam: imagine um tripé. O QI é um dos pés, fornecendo estrutura e lógica; o QE é o segundo, trazendo flexibilidade e conexão humana; e o QS é o terceiro, dando estabilidade e propósito.

Líderes que equilibram essas três dimensões são aqueles que não apenas sabem o que fazer e como fazer, mas, acima de tudo, por que fazer. Eles são capazes de inspirar confiança em suas equipes porque suas ações refletem um alinhamento interno entre lógica, emoção e valores.

Muitos me perguntam: "Keila, mas como eu, enquanto líder, posso desenvolver meu QS?". Confesso que, no início, eu mesma achei desafiador, mas percebi que é um processo contínuo, baseado em práticas simples que ajudam a conectar a liderança ao propósito mais profundo. Aqui estão algumas sugestões práticas:

1. **Reservar tempo para reflexão**
   Como líderes, muitas vezes estamos tão ocupados "fazendo" que esquecemos de "ser". Eu mesma criei o hábito de reservar dez minutos no final de cada dia para refletir sobre minhas ações: elas estão de acordo com meus valores? Fiz o meu melhor para ser fiel ao que acredito?

2. **Desenvolver uma visão mais ampla**
   Pergunte a si mesmo: "Qual é o impacto a longo prazo do que estou fazendo agora?". Líderes espiritualmente inteligentes olham além do lucro ou dos números do trimestre — eles consideram o impacto social, ambiental e humano de suas ações.

3. **Praticar a espiritualidade de acordo com suas crenças**
   A conexão profunda com sua essência e seu Deus Inte-

rior é um dos pontos fundamentais para desenvolver o QS. E essa conexão só é possível quando aprendemos a silenciar a mente para ouvir nossa voz interior. Ela sempre vai nos direcionar e guiar na direção certa.

4. **Conectar-se ao seu propósito**
Sempre pergunto a mim mesma: "O que me motiva a liderar? O que quero deixar como legado?". Quando líderes têm clareza de seu propósito, eles conseguem tomar decisões mais alinhadas com seus valores.

Para tornar tudo isso mais concreto, vamos explorar exemplos reais de líderes que equilibraram essas três dimensões:

1. **Mahatma Gandhi**
Gandhi é um exemplo clássico de liderança que integrou QI, QE e QS. Ele usou a inteligência lógica para estruturar movimentos como a desobediência civil, a inteligência emocional para mobilizar milhões de pessoas com empatia e paciência e a inteligência espiritual para guiar suas ações com base em princípios éticos e em seu propósito. Ele acreditava que "os meios são tão importantes quanto os fins", demonstrando como o QS orientava suas decisões.

2. **Nelson Mandela**
Mandela enfrentou 27 anos de prisão sem permitir que a raiva ou o ressentimento definissem sua liderança. Ele mostrou QI ao negociar o fim do apartheid de forma estratégica, QE ao perdoar seus opressores e QS ao lutar por uma nação unificada baseada em valores de igualdade e justiça.

3. **Indra Nooyi, ex-CEO da PepsiCo**
Indra Nooyi transformou a PepsiCo com sua abordagem equilibrada de liderança. Ela usou o QI para expan-

dir os negócios de forma inovadora, o QE para construir relacionamentos fortes com suas equipes e o QS para alinhar a visão da empresa com objetivos de sustentabilidade, mostrando que é possível crescer de forma responsável e alinhada com valores.

Um líder que integra QS em sua gestão é capaz de criar ambientes de trabalho mais saudáveis, engajados e alinhados. Eu mesma já vi equipes inteiras se transformarem quando os líderes começaram a agir com mais propósito. Eles não apenas inspiram seus colaboradores, mas criam um senso de pertencimento e significado que vai muito além de metas e resultados.

Por exemplo, conheci uma líder que, ao perceber que a equipe estava desmotivada, decidiu implementar reuniões semanais de propósito. Nessas reuniões, os colaboradores discutiam como suas tarefas diárias contribuíam para uma visão maior da organização. O resultado? Não apenas o moral da equipe melhorou, mas a produtividade disparou.

Para Adriana Dalgallo, líder de RH da nossa empresa, o verdadeiro diferencial de uma liderança eficaz vai além do conhecimento técnico ou das habilidades emocionais. Sua trajetória mostra que a inteligência espiritual tem um papel fundamental no fortalecimento de líderes que buscam alta performance e impacto duradouro. "Ao longo da minha carreira, percebi que as pessoas mais resilientes e inspiradoras tinham algo em comum: uma fonte interna de força, ancorada na espiritualidade. Essa conexão, independentemente da crença de cada um, serve como uma alavanca para superar desafios e manter a esperança mesmo em momentos difíceis."

Essa visão reflete diretamente em suas práticas diárias como gestora. Mediante o estudo contínuo, a meditação e o serviço à comunidade, Adriana mantém seu repertório sempre atualizado, cultiva a autoanálise e fortalece a capacidade de compreender profundamente o outro. Para ela, um líder precisa estar desperto para a realidade humana, pois liderar é enxergar e guiar pessoas com propósito.

No recrutamento e na gestão de equipes, essa abordagem se manifesta de forma tangível. Eu acredito que contratar pessoas alinhadas com o propósito empresarial é tão essencial quanto desenvolver aquelas que ainda não encontraram esse alinhamento. Assim, nossa gestora de RH não apenas identifica talentos, mas também orienta candidatos quanto a oportunidades mais adequadas ao seu perfil, promovendo um ambiente organizacional onde o pertencimento e a segurança psicológica são prioridades. "Praticamos uma liderança colaborativa, pela qual fortalecemos a crença de que juntos somos mais fortes. Essa cultura organizacional, baseada no respeito e no compartilhamento de valores, gera impacto real no engajamento e no bem-estar da equipe."

Minha experiência reforça a importância do QE como um pilar para líderes que desejam ir além da gestão tradicional e construir organizações onde o propósito e o equilíbrio guiam cada decisão.

Como eu disse, a inteligência espiritual é uma jornada. Aqui estão algumas perguntas que você pode usar para começar a refletir sobre seu próprio QS:

- Minhas decisões diárias estão alinhadas com meus valores mais profundos?
- Qual é o legado que desejo deixar como líder?
- Como posso usar minhas habilidades para impactar positivamente as pessoas ao meu redor?

Se há algo que aprendi nessa jornada é que a inteligência espiritual não é sobre perfeição, mas sobre propósito. É sobre reconhecer que somos parte de algo maior e que nossas ações — por menores que pareçam — têm o poder de impactar profundamente a vida dos outros.

OS DESAFIOS DA INTEGRAÇÃO

Integrar QI, QE e QS pode ser desafiador, especialmente em ambientes corporativos, que muitas vezes priorizam o resultado imediato em detrimento do propósito. Alguns desafios comuns incluem:

- **Priorização de dados acima de pessoas:** líderes altamente analíticos podem ignorar o impacto emocional de suas decisões.
- **Falta de autoconsciência:** sem essa percepção, é difícil alinhar ações e valores.
- **Pressão por resultados:** em tempos de crise, pode ser tentador negligenciar o QE e o QS para focar apenas o QI.

Superar esses desafios exige intencionalidade. Como líderes, precisamos fazer perguntas difíceis a nós mesmos: "Minhas ações estão alinhadas com o que eu realmente acredito? Estou considerando o impacto humano das minhas decisões?".

Agora convido você a se perguntar: como você pode integrar QI, QE e QS em sua liderança? Lembre-se, o equilíbrio dessas três dimensões é o que transforma líderes comuns em líderes extraordinários. Em resumo, liderar não é apenas sobre resultados; é sobre inspirar, conectar e deixar um legado.

LABORATÓRIO EMOCIONAL: É HORA DE APLICAR OS CONHECIMENTOS

Ao final deste capítulo, convido você a refletir sobre as próprias experiências. Quais desafios você enfrenta atualmente que poderiam se beneficiar do aprimoramento da sua inteligência emocional e espiritual? Faça um inventário emocional, mantenha um diário de suas emoções e pratique técnicas de mindfulness (atenção plena) e meditação.

Experimente desenvolver as próprias "fórmulas emocionais" para diferentes situações. Por exemplo, se você está enfrentando um conflito no trabalho, como pode aplicar a empatia e a comunicação assertiva para resolver a questão? Se está sentindo ansiedade, quais atividades podem aumentar sua serotonina e promover calma e relaxamento?

Transformações emocionais são viagens contínuas e personalizadas. Nunca subestime o poder de pequenas mudanças e práticas diárias que, ao longo do tempo, podem levar a uma profunda transformação na sua vida.

Algumas práticas diárias:

1. Conexão com o corpo

Exercício de respiração consciente:

a) Encontre um lugar tranquilo e sente-se confortavelmente.

b) Feche os olhos e comece a focar sua respiração.

c) Inspire profundamente pelo nariz, sentindo o ar encher seus pulmões.

d) Expire lentamente pela boca, esvaziando por completo os pulmões.

e) Repita esse ciclo por dez minutos, concentrando-se exclusivamente na sua respiração.

2. Jornada emocional

Diário emocional:

a) Dedique dez minutos do seu dia para escrever sobre suas emoções.

b) Descreva as situações que ocorreram e como elas fizeram você se sentir.

c) Reflita sobre o porquê de sentir essas emoções e como você pode lidar com elas de maneira saudável.

3. Alinhamento mental

Meditação guiada:

a) Escolha uma meditação guiada que tenha duração de quinze a vinte minutos. (Existem várias disponibilizadas no YouTube.)

b) Encontre um espaço tranquilo, sente-se confortavelmente e siga as instruções da meditação.

c) Concentre-se nas sensações do seu corpo, nas emoções que surgem e na tranquilidade que a prática proporciona.

Integrar corpo, mente e emoções é um desafio contínuo, mas, com práticas diárias e reflexão constante, você estará cada vez mais próximo de alcançar uma transformação emocional completa.

4. Varredura corporal

Essa prática envolve focar a atenção em diferentes partes do corpo, notando qualquer sensação que possa estar presente.

a) Deite-se confortavelmente de costas.

b) Feche os olhos e comece a prestar atenção aos seus pés.

c) Gradualmente, mova a atenção para cima, passando pelas pernas, tronco, braços, até chegar à cabeça.

d) Note qualquer tensão, dor ou desconforto e tente relaxar cada parte do corpo ao focá-la.

5. Caminhada mindfulness

A caminhada mindfulness é uma excelente prática para integrar atenção plena ao movimento.

a) Escolha um trajeto tranquilo, que permita uma caminhada sem grandes interrupções.

b) Caminhe lentamente, prestando atenção ao movimento dos seus pés e ao contato deles com o chão.

c) Sinta o vento na pele, observe as cores à sua volta e esteja presente em cada passo.

"Minha jornada para equilibrar mente, corpo e espírito transformou profundamente a maneira como lidero. No início, eu me via como uma pessoa calma por fora, mas agitada e preocupada por dentro. Havia uma grande contradição entre o que eu queria transmitir para a equipe e o que realmente sentia. Por exemplo, eu pedia que mantivessem calma e serenidade diante de um problema, enquanto internamente eu estava consumida pela ansiedade, esperando que resolvessem a situação rapidamente.

Percebi que, para liderar com autenticidade, precisava ajustar essa autoimagem. Comecei a me aprofundar no autoconhecimento, reconhecendo meus pontos fortes e os aspectos que precisavam de melhorias. O equilíbrio entre mente, corpo e espírito tornou-se essencial, especialmente em momentos de mudança, quando era necessário orientar a equipe sobre o que fazer, como fazer e estipular prazos de maneira clara e precisa. Isso teve um impacto direto nos resultados.

Passei por fases na minha vida profissional em que esse alinhamento espiritual foi crucial para superar desafios. Em momentos de grande pressão, o desejo de abandonar tudo e 'vender água de coco na praia', como brincava, era forte. Mas, ao buscar ajuda e me conectar com algo maior, as peças começaram a se encaixar. Passei a entender melhor por que estava naquela posição de liderança e por que deveria permanecer. A espiritualidade e o autoconhecimento trouxeram clareza sobre minhas habilidades como líder e o propósito que eu deveria seguir.

No meu dia a dia, adotei práticas que ajudam a manter esse equilíbrio, como a meditação, a leitura constante e o acompanhamento de mentores. Sempre busco estar em processo de aprendizado. Além disso, a respiração consciente e o olhar atento para os resultados são fundamentais. Quando algo não está indo bem, sei que há algum ponto a ser ajustado, seja na saúde, nos rela-

cionamentos ou até mesmo no descanso. Isso afeta diretamente minhas decisões e a maneira como interajo com a equipe.

Acredito firmemente que a inteligência espiritual é um diferencial para lideranças de alta performance. Um exemplo prático ocorreu recentemente, quando uma colega teve seu filho internado e precisou se ausentar por uma semana. Reunimos a equipe, de mãos dadas, para fazer uma oração e compartilhar palavras positivas. Apesar de termos pessoas com diferentes crenças — e algumas sem crença em um poder superior — houve uma grande energia positiva nesse momento. A equipe se uniu para ajudar com as tarefas, cada um oferecendo o melhor de si. O espírito de colaboração foi palpável, e isso fez com que tudo ficasse bem, tanto para a equipe quanto para nossa colega.

Compartilho essa visão de propósito e equilíbrio com a equipe em momentos como o 'momento integração', que fazemos todas as terças-feiras. É um espaço aberto, onde quem quiser pode fazer a oração do dia. Depois, fazemos um minuto de silêncio, e cada um eleva seus pedidos e agradecimentos ao poder superior em que acredita. Além disso, sempre que uma nova tarefa surge, explicamos à equipe o propósito por trás dela, mostrando que não se trata apenas de cumprir uma obrigação, mas de contribuir para a saúde empresarial de nossos clientes. Elogios são compartilhados e a abertura para novas ideias é constante, fazendo com que todos se sintam parte dos resultados positivos.

A integração desses valores ao ambiente de trabalho trouxe mudanças significativas. A equipe se sente valorizada, unida e consciente de seu papel, não apenas no trabalho, mas na construção de um ambiente de cooperação e propósito."

Fernanda Bertoli,
supervisora do departamento fiscal da empresa
Dresden Gestão Empresarial

CAPÍTULO 5

Quinto pilar:

Segurança psicológica, inclusão e diversidade

A inovação surge quando pessoas diferentes pensam de maneira diferente sobre a mesma coisa.

Se há algo que a jornada da liderança me ensinou, é que as pessoas só conseguem dar o seu melhor quando se sentem seguras. E segurança aqui não tem nada a ver com ausência de desafios ou cobranças — pelo contrário. O que realmente faz a diferença é criar um ambiente onde as pessoas saibam que podem errar, aprender e evoluir sem medo de represálias. Um lugar onde elas possam ser quem são, com suas ideias, vivências e perspectivas, sem precisar se moldar a um padrão rígido ou sentir que estão sempre pisando em ovos.

Esse é o papel de um líder humano: garantir que sua equipe tenha segurança psicológica para crescer e inclusão genuína para pertencer. Quando combinamos esses elementos com empatia e uma comunicação clara, criamos um espaço em que a diversidade se transforma em potência e a inovação acontece de forma natural.

Amy Edmondson, professora da Harvard Business School, foi uma das primeiras a estruturar o conceito de segurança psicológica, e ela resume bem a ideia: trata-se da capacidade de um ambiente de trabalho permitir que as pessoas expressem suas ideias, assumam riscos e admitam erros sem medo de humilhação ou punição.

Agora, pare e pense: você já trabalhou em um ambiente onde sentia que qualquer erro poderia ser fatal para sua carreira? No qual as reuniões eram monólogos do chefe, e as ideias diferentes eram silenciadas? Em que ninguém ousava questionar decisões por medo de represálias? Se sim, você sabe exatamente o que não é um ambiente psicologicamente seguro.

Um ambiente onde as pessoas se sentem inseguras emocionalmente tem impactos profundos na performance e na inovação. Quando há medo de errar ou de ser julgado, as pessoas param de se arriscar e passam a operar no modo de autopreservação. Em vez de contribuírem com novas ideias, buscam apenas sobreviver dentro da empresa. O resultado?

Um time apático, resistente à mudança e menos produtivo.

Por outro lado, um ambiente que promove a segurança psicológica tem algumas características claras:

- As pessoas falam abertamente sobre problemas e desafios sem medo de represálias.
- Erros são vistos como aprendizado, não como falhas definitivas.
- O feedback é construtivo e focado em crescimento, não em punição.
- A colaboração acontece de forma natural, sem disputas desnecessárias.

Um exemplo forte disso é a Google, que realizou um estudo chamado Projeto Aristóteles entre 2012 e 2014 para entender o que tornava algumas equipes mais bem-sucedidas do que outras. O resultado? Não era o QI dos membros, nem a experiência profissional, nem os recursos disponíveis. O que diferenciava as melhores equipes era a segurança psicológica.

Os pesquisadores descobriram que equipes altamente eficazes compartilhavam um fator comum: seus membros se sentiam seguros para errar, compartilhar ideias e pedir ajuda sem medo de retaliações. Isso criou uma cultura de colaboração e inovação contínua, dentro da qual todos se sentiam valorizados e motivados a contribuir.

E a melhor parte? Criar essa segurança não exige grandes investimentos financeiros — exige mudança de mentalidade e atitudes práticas no dia a dia.

Empresas que negligenciam esse fator enfrentam consequências que vão além da queda na inovação. A falta de segurança psicológica pode resultar em:

- Alto turnover: profissionais talentosos saem em busca de um ambiente mais saudável.
- Dificuldade em atrair talentos: empresas com culturas tóxicas acabam com má reputação no mercado.

- Menor engajamento: colaboradores desmotivados fazem apenas o mínimo necessário.
- Aumento de erros não reportados: quando os erros são punidos, as pessoas escondem problemas, e pequenos deslizes podem virar crises enormes.

Agora, imagine o impacto disso em uma empresa de tecnologia que precisa inovar constantemente para se manter competitiva. Ou em uma equipe médica, na qual um erro não reportado pode custar vidas. Ou até mesmo em um time de vendas, em que o medo de questionar um processo engessado pode impedir a busca por novas oportunidades.

A segurança psicológica não se trata apenas de "ser legal" com as pessoas. É uma estratégia essencial para a sobrevivência e o crescimento das empresas no mundo moderno.

Criar um ambiente psicologicamente seguro começa pelo líder. Ao demonstrar empatia, promover diálogos abertos e incentivar a experimentação, esses líderes dão origem a espaços nos quais as pessoas se sentem confiantes para dar o seu melhor.

E isso não significa ausência de cobrança ou metas. Significa que as cobranças são feitas com respeito, e os erros são vistos como parte do aprendizado, não como motivo de punição.

Como líder, pergunte-se:

- Meus colaboradores sentem que podem ser autênticos no ambiente de trabalho?
- Eles se sentem à vontade para trazer novas ideias sem medo de julgamentos?
- Quando alguém comete um erro, minha primeira reação é punição ou aprendizado?
- Estimulo um ambiente de diálogo aberto, ou minha equipe tem receio de discordar de mim?

Criar segurança psicológica exige intencionalidade. Mas, quando isso acontece, o impacto é visível: equipes mais engajadas, criativas e comprometidas com os resultados.

Porque, no fim das contas, pessoas não deixam empresas — elas deixam líderes. Líderes que desmotivam, que diminuem, que não escutam, que geram medo e desconexão. Por outro lado, quando o líder é fonte de apoio, clareza e segurança, ele se torna a razão pela qual as pessoas ficam, crescem e florescem. E é aí que começa a verdadeira transformação de uma cultura. Isso se reflete em maior engajamento, mais criatividade nas soluções e um comprometimento real com os resultados coletivos.

COMO CRIAR E MANTER A SEGURANÇA PSICOLÓGICA

Agora que já exploramos a importância da segurança psicológica e seu impacto na performance das equipes, surge a pergunta essencial: como um líder pode construir esse ambiente de confiança e aprendizado contínuo? Criar e manter a segurança psicológica não é um esforço isolado, mas um compromisso constante que exige coerência e consistência nas ações do líder. Quando isso acontece, os resultados são nítidos: equipes mais engajadas, inovadoras e dispostas a contribuir para o crescimento da organização.

A seguir, algumas estratégias práticas que podem transformar o clima organizacional e fortalecer os laços entre líder e equipe.

- **Demonstrar vulnerabilidade como líder**

O exemplo começa no topo. Quando um líder se apresenta como alguém infalível, que nunca erra ou hesita, cria um ambiente onde os colaboradores sentem que também precisam esconder suas dificuldades. A consequência disso é um time que evita assumir riscos, se cala diante de desafios e teme ser julgado por qualquer deslize.

Por outro lado, quando um líder demonstra vulnerabilidade — admitindo falhas, expondo dúvidas e pedindo ajuda quando necessário —, ele abre espaço para que a equipe se sinta segura para fazer o mesmo. Isso não significa falta de autoridade, mas sim a construção de uma cultura de aprendizado contínuo.

Uma maneira eficaz de aplicar isso no dia a dia é compartilhar experiências de aprendizado. Quando um projeto não sai como esperado, em vez de buscar culpados, um líder pode perguntar à equipe: "O que podemos aprender com isso? Como podemos fazer diferente da próxima vez?". Essa simples mudança de abordagem transforma um erro em uma oportunidade de crescimento coletivo.

- **Incentivar a participação ativa de todos**

Ambientes psicologicamente seguros são aqueles em que todas as vozes são ouvidas e valorizadas. No entanto, muitas equipes acabam sendo dominadas por algumas poucas pessoas, enquanto outras hesitam em se manifestar. Como líder, é essencial criar mecanismos que garantam a participação de todos.

Uma estratégia eficaz é fazer perguntas diretas para aqueles que costumam ficar em silêncio durante reuniões ou discussões. "Gostaria de ouvir sua opinião sobre esse ponto" ou "Como você enxerga essa questão?" são formas de encorajar contribuições de maneira respeitosa. Além disso, é importante reforçar que não existem respostas erradas quando o objetivo é encontrar soluções inovadoras.

Outra maneira de promover a participação ativa é criar momentos específicos para que cada membro da equipe compartilhe ideias ou preocupações sem interrupções. Reuniões estruturadas, em que cada pessoa tem um tempo determinado para falar, ajudam a garantir que todos tenham espaço para se expressar.

- **Criar uma cultura de feedback construtivo**

O feedback é uma das ferramentas mais poderosas para o desenvolvimento de uma equipe. No entanto, se mal utilizado, pode se tornar uma fonte de insegurança e receio. O segredo está na forma como ele é conduzido.

O feedback deve sempre focar o comportamento e os resultados, e não a pessoa. Em vez de dizer: "Você é desorganizado", o ideal seria reformular para algo como: "Percebi que você teve dificuldades para cumprir os prazos nas últimas semanas. O que podemos fazer juntos para melhorar isso?". Essa abordagem evita que o colaborador se sinta atacado e abre espaço para um diálogo produtivo.

Além disso, feedback positivo é tão importante quanto o corretivo. Muitos líderes caem na armadilha de só chamar seus times para conversar quando há problemas. O reconhecimento sincero, por outro lado, reforça comportamentos positivos e incentiva um ambiente de alta performance. Nós adotamos na nossa empresa a prática de enviar e-mail para o colaborador, com toda a equipe de liderança em cópia, elogiando ações específicas.

- **Transformar erros em oportunidades de aprendizado**

O medo de errar paralisa a inovação. Em empresas nas quais os erros são severamente punidos, os colaboradores passam a evitar qualquer atitude que possa gerar risco, preferindo seguir apenas o que já é conhecido e seguro. No entanto, inovação e crescimento exigem experimentação — e experimentação significa, inevitavelmente, lidar com falhas.

Empresas como a Netflix e a Nasa têm uma cultura que valoriza o aprendizado a partir dos erros. Em vez de punir quem falhou, elas incentivam os colaboradores a testar novas ideias e analisar os aprendizados de cada tentativa. Essa abordagem não significa ausência de responsabilidade, mas sim a criação de um espaço em que as pessoas se sentem confortáveis para propor novas soluções sem medo de represálias.

Para aplicar essa mentalidade no dia a dia, um líder pode adotar práticas como:

- Reuniões pós-projeto para discutir aprendizados, sem apontar culpados.

- Momentos dedicados ao brainstorming, em que qualquer ideia é válida, sem julgamentos.
- Compartilhamento de histórias de desafios superados, mostrando como erros passados geram aprendizados valiosos.

COMO TRANSFORMAR DIFERENÇAS EM POTÊNCIA

Liderança humanizada e segurança psicológica caminham lado a lado com a inclusão e a diversidade. Mas vamos pensar juntos: como alguém pode se sentir seguro em um ambiente onde não se sente respeitado nem valorizado por ser quem é? Como esperar que uma equipe se expresse livremente se parte dos colaboradores teme ser silenciada ou marginalizada?

A diversidade, quando genuinamente praticada, não é apenas um número bonito nos relatórios ou uma estratégia para melhorar a imagem corporativa. Ela é um motor de inovação, crescimento e performance. Empresas que conseguem integrar a diversidade de maneira autêntica constroem times mais engajados, criativos e produtivos. Isso não é teoria — é ciência.

Diversidade e inclusão não são apenas pautas sociais. Elas geram impacto direto nos resultados da empresa. Veja algumas razões pelas quais esse tema precisa estar na agenda de qualquer líder que deseja ser relevante no futuro:

- **Times diversos tomam melhores decisões**

O relatório Diversity Wins, da consultoria McKinsey, revelou que empresas com maior diversidade de gênero têm 25% mais chances de obter rentabilidade acima da média. E, quando falamos em diversidade racial, esse número sobe para 36%. Ou seja, quanto mais diferentes forem as experiências e os pontos de vista dentro de uma equipe, mais ricas e assertivas serão as decisões.

- **A criatividade e a inovação aumentam**

Pessoas com histórias e vivências distintas enxergam o mundo de maneiras diferentes. Quando combinamos múltiplas perspectivas, criamos soluções mais completas para problemas complexos. Um estudo da Harvard Business Review mostrou que empresas com culturas mais inclusivas são 70% mais propensas a capturar novos mercados.

- **O ambiente de trabalho melhora**

Quando as pessoas se sentem valorizadas e respeitadas pelo que são, naturalmente trabalham melhor. O engajamento aumenta, a colaboração se fortalece e os índices de rotatividade e absenteísmo caem. A diversidade não diz respeito apenas a incluir mais pessoas, mas a promover um ambiente onde todos tenham voz e espaço para contribuir.

Mas aqui vai uma reflexão importante: diversidade sem inclusão é apenas uma estatística vazia. Uma empresa pode contratar pessoas de diferentes perfis, gêneros, raças e orientações sexuais, mas, se elas não se sentirem bem-vindas e respeitadas, a diversidade se torna apenas uma fachada. A verdadeira transformação acontece quando as diferenças são não apenas aceitas, mas valorizadas.

Incluir de verdade vai muito além de contratar um time diverso e esperar que tudo funcione naturalmente. A liderança tem um papel essencial nesse processo. Se um líder não tem consciência dos próprios vieses, se não sabe lidar com a pluralidade da equipe e se não trabalha ativamente para garantir um ambiente seguro para todos, a inclusão não acontece.

Aqui estão algumas estratégias práticas para tornar sua liderança mais inclusiva:

1. Educar-se e educar sua equipe

Um dos maiores desafios da inclusão é o viés inconsciente, conforme falaremos no próximo capítulo, sobre neurociência. Muitas vezes, sem perceber, tomamos decisões baseadas em estereótipos e preconceitos que foram enraizados ao longo da vida. Isso pode se manifestar em pequenas atitudes, como interromper mais as falas de uma mulher em uma reunião do que as de um homem, ou associar cargos de liderança a perfis tradicionais.

O primeiro passo para uma liderança inclusiva é reconhecer esses vieses e trabalhar para desconstruí-los. E isso não vale apenas para os líderes, mas para toda a equipe.

O que fazer na prática?

- **Treinamentos sobre diversidade e viés inconsciente.** A capacitação é essencial para que todos compreendam a importância do tema e saibam como agir no dia a dia.
- **Diálogos abertos e contínuos.** Reúna a equipe regularmente para conversar sobre inclusão, incentivar trocas de experiências e discutir como tornar o ambiente mais acolhedor.

Se um líder deseja que a cultura da empresa seja inclusiva, ele precisa **ser o exemplo**. Se a alta liderança não prioriza o tema, dificilmente os colaboradores o farão.

2. Dar visibilidade para diferentes vozes

Pense nas decisões estratégicas da sua empresa. Quem está na mesa na qual as grandes decisões são tomadas? As oportunidades de crescimento estão sendo distribuídas de forma justa? Muitas vezes, sem perceber, seguimos padrões antigos e deixamos de abrir espaço para talentos que poderiam contribuir de maneira brilhante.

Um ambiente inclusivo precisa garantir que todas as vozes sejam ouvidas — e, mais do que isso, que sejam levadas a sério.

O que fazer na prática?

- **Criação de grupos de afinidade** dentro da empresa, em que pessoas de diferentes identidades possam compartilhar desafios e propor soluções para um ambiente mais inclusivo.

- **Implementação de mentorias reversas.** Nessa estratégia, líderes são mentorados por colaboradores de diferentes realidades para ampliar suas perspectivas e enxergar desafios que antes passariam despercebidos.
- **Revisão dos critérios de promoção e oportunidades.** Muitas empresas já perceberam que o sucesso profissional não pode ser baseado apenas em "tempo de casa". Mérito e potencial precisam ser levados em conta.

Se queremos um ambiente de trabalho mais diverso, não basta abrir a porta — é preciso garantir que todos tenham assento à mesa e sejam ouvidos.

3. Adaptar políticas para garantir inclusão real

A inclusão não pode depender apenas da boa vontade dos líderes ou de iniciativas isoladas. Para ser verdadeira, ela precisa estar **nas políticas e nos processos da empresa**.

Imagine uma empresa que diz apoiar a diversidade, mas que não possui políticas claras para garantir equidade. O discurso se torna vazio e a inclusão deixa de ser um pilar real da cultura organizacional.

Algumas práticas essenciais para uma inclusão genuína:

- **Flexibilização para mães e pais.** Empresas que querem apoiar a equidade de gênero precisam garantir que as mães não sejam prejudicadas em suas carreiras e que os pais tenham condições de exercer a paternidade de forma ativa. Licenças parentais estendidas, horários flexíveis e apoio na volta ao trabalho fazem toda a diferença.
- **Programas de recrutamento mais inclusivos.** Isso compreende evitar filtros que eliminam talentos em razão de histórico profissional ou formação acadêmica

tradicional e investir em seleções mais acessíveis para grupos sub-representados.

- **Políticas claras contra discriminação.** Regras bem definidas sobre assédio, racismo, sexismo e qualquer tipo de preconceito precisam ser aplicadas de forma rigorosa.

Incluir de verdade significa quebrar barreiras e remover obstáculos que impedem certos grupos de crescerem dentro da empresa.

DICAS PARA GERAR SEGURANÇA PSICOLÓGICA E DIVERSIDADE

A melhor forma de aprender é praticando. Abaixo, você encontrará três situações reais que podem acontecer no ambiente de trabalho. Leia atentamente cada cenário e tente responder como um líder humanizado pode agir, aplicando os princípios da segurança psicológica e da diversidade.

Após cada situação, há algumas perguntas para reflexão, ajudando você a encontrar a melhor abordagem.

Cenário 1: O colaborador que tem medo de falar

Você é gestor(a) de uma equipe e percebe que um de seus melhores colaboradores raramente expressa opiniões em reuniões. Você sabe que ele tem boas ideias, pois já as compartilhou com colegas de modo individual, mas evita se expor no grupo.

Perguntas para reflexão:

- Como você pode criar um ambiente mais seguro para que essa pessoa se sinta confortável para falar?
- Qual abordagem poderia incentivar sua participação sem a pressionar?
- Como garantir que ela sinta que suas ideias são valorizadas?

Possível abordagem: em uma próxima reunião, pergunte diretamente ao colaborador o que ele pensa sobre determinado tema, mas sem pressionar. Se necessário, converse em particular e valide a importância das ideias dele, mostrando que a equipe se beneficiaria de sua contribuição.

Cenário 2: O comentário preconceituoso

Durante uma reunião informal, um colaborador faz um comentário que reforça um estereótipo negativo sobre um grupo social. Algumas pessoas riem, outras ficam visivelmente desconfortáveis.

Perguntas para reflexão:
- Qual deve ser a postura do líder nesse momento?
- Como corrigir o comportamento sem gerar constrangimento ou resistência?
- Como transformar esse erro em uma oportunidade de aprendizado?

Possível abordagem: interrompa a conversa de forma respeitosa e explique que aquele tipo de comentário pode ser prejudicial. Em um momento mais reservado, converse com a pessoa envolvida para conscientizá-la sobre a importância de um ambiente inclusivo.

Cenário 3: O medo de errar

Sua equipe está trabalhando em um projeto importante e um dos colaboradores comete um erro que pode atrasar a entrega. Ele está visivelmente nervoso, com medo de ser repreendido.

Perguntas para reflexão:
- Como lidar com esse erro sem gerar um ambiente de medo?
- Qual é a melhor forma de transformar essa falha em aprendizado?

- Como garantir que ele não esconda erros futuros, mas sim busque ajuda?

Possível abordagem: em vez de focar o erro, direcione a conversa para a solução. Pergunte: "O que aprendemos com isso? Como podemos evitar que aconteça novamente?". Isso cria um ambiente onde as pessoas não têm medo de errar, mas aprendem e evoluem.

CHECKLIST PARA UMA IMPLEMENTAÇÃO EFICIENTE

Agora que você entendeu os conceitos e os aplicou na prática, é hora de implementar mudanças reais na sua empresa. Use este checklist simples para garantir que você está promovendo segurança psicológica e diversidade de forma contínua.

Segurança psicológica

☐ **Escuto ativamente minha equipe?** Dou espaço para que todos se sintam confortáveis para falar?

☐ **Valido ideias diferentes?** Demonstro interesse e incentivo opiniões diversas?

☐ **Reajo de forma positiva aos erros?** Encaro falhas como oportunidades de aprendizado, e não como motivo para punição?

☐ **Dou feedbacks construtivos?** Falo sobre comportamento e não sobre a pessoa?

☐ **Demonstro vulnerabilidade como líder?** Admito quando erro e compartilho aprendizados com a equipe?

☐ **Faço perguntas abertas nas reuniões?** Evito direcionar respostas e incentivo a reflexão?

☐ **Celebro pequenas conquistas?** Reforço comportamentos positivos para estimular o engajamento?

Diversidade e inclusão

☐ **Estou consciente dos meus vieses inconscientes?**
Busco conhecimento sobre diversidade e equidade?

☐ **Garantimos equidade nas oportunidades?** A empresa
promove inclusão nas contratações e nas promoções?

☐ **Temos políticas de diversidade estruturadas?** Existe
um programa ou ações concretas para inclusão?

☐ **Oferecemos treinamentos sobre inclusão?** Educamos
nossos colaboradores sobre preconceitos e vieses?

☐ **Damos espaço para diferentes vozes?**
Criamos oportunidades para que grupos
sub-representados se expressem?

☐ **Respeitamos necessidades individuais?**
Adaptamos benefícios e flexibilidades para
atender diferentes realidades?

Como palavra final para este pilar, quero dizer que a liderança inclusiva não é uma tendência passageira — é uma necessidade urgente para qualquer empresa que queira se manter relevante. O mundo mudou, e o mercado de trabalho também. Colaboradores buscam empresas que respeitem suas individualidades, que ofereçam oportunidades justas e que tenham valores alinhados com um propósito maior.

Se você quer ser um líder de impacto, precisa se perguntar: "Minha equipe se sente segura para ser quem realmente é? Estou criando um ambiente onde todos têm as mesmas chances de crescer?".

Empresas que compreendem o valor da inclusão e praticam uma liderança diversa não apenas constroem times mais engajados, mas também impulsionam a inovação, a criatividade e o sucesso a longo prazo. E esse é o futuro da liderança humanizada.

"Como líder, compreendi profundamente o valor de criar um ambiente de segurança psicológica para o sucesso da minha equipe. Uma situação marcante ocorreu quando um colaborador cometeu um erro que resultou em implicações financeiras significativas, como multas. Em vez de repreendê-lo ou permitir que ele tentasse resolver o problema diretamente com o cliente, enfatizei a importância de comunicar de imediato à liderança quaisquer equívocos. Essa abordagem não apenas protege o relacionamento com o cliente, mas também demonstra ao colaborador que ele pode contar com nosso apoio incondicional.

Implementar essa prática reforçou um de nossos valores fundamentais: cuidar do cliente e do colaborador. Ao promover a comunicação aberta e sem julgamentos, fortalecemos a confiança mútua. Os colaboradores passaram a entender que, mesmo diante de erros, teriam o suporte necessário para encontrar soluções, o que criou um ambiente de maior colaboração e segurança.

Para garantir que todos se sintam à vontade para expressar ideias e preocupações, mantenho minha agenda sempre acessível. Realizamos conversas mensais que vão além de dúvidas técnicas, abrangendo também questões pessoais que desejam compartilhar. Esse espaço de diálogo aberto é essencial para construir conexões genuínas e fomentar um senso de pertencimento na equipe.

A empatia e a comunicação assertiva são pilares que sustentam esse ambiente. Um reflexo positivo dessa cultura é a diminuição significativa no número de erros, especialmente relacionados à falta de conhecimento técnico, e no impacto financeiro decorrente deles. Ao promover a comunicação aberta, erros são identificados e corrigidos rapidamente, sem o peso da culpa, resultando em uma equipe mais coesa e produtiva.

Durante momentos de crise ou alta pressão, manter esse ambiente seguro pode ser desafiador. No entanto, foi justamente nesses períodos que a proximidade com a equipe fez a diferença. Ao me manter acessível e presente, os colaboradores se sentiram confortáveis para compartilhar dificuldades e erros, permitindo que juntos superássemos os obstáculos.

Os sinais mais claros de que estamos operando em um ambiente de alta segurança psicológica são visíveis na retenção de talentos e no desenvolvimento pessoal e profissional dos colaboradores. É gratificante observar como eles evoluem não apenas na carreira, mas também em sua vida pessoal — adquirindo bens, investindo em educação e construindo suas famílias. Esse progresso reflete um ambiente onde se sentem seguros, valorizados e apoiados para alcançar seu pleno potencial."

Janaína Capitanio,
supervisora do departamento pessoal
da empresa Aquarius Contabilidade

CAPÍTULO 6

SEXTO PILAR:

O cérebro da liderança —
A neurociência a serviço
do líder humano

*Um líder eficaz não apenas inspira,
mas compreende como o cérebro humano
reage à motivação, ao estresse e à
tomada de decisões — porque liderar
é um exercício de conexão neural.*

Como vimos no capítulo 4, um grande desafio na liderança é equilibrar razão e emoção enquanto tomamos decisões que impactam diretamente as pessoas ao nosso redor. Mas será que já paramos para entender o que acontece no nosso cérebro nesses momentos?

A neurociência nos ajuda a desvendar os mistérios por trás das nossas reações, do nosso processo de tomada de decisão e até mesmo da forma como nos comunicamos com a equipe. E, acredite, entender isso pode transformar completamente a maneira como você lidera.

Já reparou como algumas decisões parecem tão naturais, enquanto outras exigem um esforço enorme? Ou como certas situações despertam reações inesperadas, seja um bloqueio diante da pressão ou uma explosão de criatividade? Nada disso é aleatório. O nosso cérebro tem padrões, atalhos e respostas automáticas, que, quando bem compreendidos, podem se tornar grandes aliados para uma liderança mais eficiente e humanizada.

Ao longo dos meus estudos, observei como a neurociência tem revolucionado a maneira como enxergamos a liderança, trazendo explicações científicas para comportamentos, tomadas de decisão, engajamento e até mesmo a motivação de uma equipe. Hoje, sabemos que um líder não pode mais se apoiar apenas em sua capacidade intelectual ou em sua experiência técnica. Para liderar com sucesso, é preciso desenvolver um entendimento profundo sobre emoções, padrões mentais e conexões humanas — e é aqui que a neurociência entra.

Talvez você já tenha ouvido falar do conceito de neuroliderança, que é a aplicação da neurociência na gestão de pessoas. Esse campo nos ajuda a entender como a mente opera sob pressão, como tomamos decisões, de que forma o estresse afeta nossa produtividade e até mesmo como podemos aprimorar habilidades de comunicação para gerar mais impacto.

E o mais interessante? Todas essas descobertas podem ser aplicadas no seu dia a dia como líder.

Antes de falarmos sobre técnicas práticas, precisamos entender como o cérebro toma decisões. Isso é essencial porque, como líder, você precisa fazer um grande número de escolhas todos os dias — algumas simples, quase automáticas, e outras extremamente complexas, que exigem reflexão e análise estratégica.

Quantas vezes você já sentiu que tomou uma decisão sem nem pensar? E quantas vezes já precisou pesar prós e contras, analisar cenários e calcular riscos antes de agir? Isso acontece porque o nosso cérebro tem dois sistemas distintos de processamento de informações, como explica o renomado neurocientista Daniel Kahneman, ganhador do prêmio Nobel de Economia em 2002 por seus estudos sobre a tomada de decisão.

OS DOIS SISTEMAS DO CÉREBRO NA TOMADA DE DECISÃO

Sistema 1 — rápido e intuitivo

Esse sistema é responsável pelo pensamento automático e impulsivo. Ele funciona com base em experiências passadas, padrões mentais e atalhos cognitivos, conhecidos como heurísticas. Pense em quando você dirige um carro ou reconhece o rosto de um amigo na multidão. Tudo isso acontece de maneira natural, sem esforço consciente.

No ambiente de trabalho, esse sistema é essencial para decisões rotineiras e respostas rápidas, como lidar com um problema operacional urgente ou resolver conflitos interpessoais no momento certo. No entanto, ele tem suas armadilhas. Como opera por atalhos, pode nos levar a conclusões precipitadas, reforçar vieses inconscientes e gerar decisões baseadas em emoções no lugar de fatos.

Sistema 2 — lento e reflexivo

Aqui entra o pensamento analítico e racional. Esse sistema exige mais energia mental, pois requer atenção plena, concentração e um processo estruturado para tomada de decisão. Sempre que você precisa avaliar um relatório financeiro, definir estratégias para o próximo trimestre ou tomar uma decisão difícil de gestão, é esse sistema que está em ação.

Embora ele nos ajude a evitar armadilhas do pensamento rápido, também tem suas desvantagens. O esforço necessário para acionar esse sistema pode levar à procrastinação, ao excesso de análise (a famosa *paralisia por análise*) e até ao esgotamento mental.

Agora pense comigo: um líder eficiente precisa saber equilibrar esses dois sistemas. Se tomarmos decisões apenas com o Sistema 1, podemos agir sem analisar todas as variáveis e cometer erros estratégicos. Mas, se ficarmos presos no Sistema 2 o tempo todo, corremos o risco de demorar demais para agir, perder oportunidades e até criar insegurança na equipe.

Liderança é, em grande parte, saber quando confiar na intuição e quando parar para refletir com mais profundidade. Mas como saber qual sistema usar em cada situação? Aqui estão algumas diretrizes.

Confie no Sistema 1 quando:
- Você está diante de uma situação familiar, que já enfrentou antes e sabe como conduzir.
- Precisa tomar decisões rápidas, como lidar com uma crise repentina ou dar uma resposta ágil a um cliente.
- Você tem conhecimento e experiência para agir com segurança e sem hesitação.

Tenha cuidado com o Sistema 1 quando:
- A decisão envolve fatores novos e desconhecidos — ou seja, você nunca passou por algo parecido antes.

- Existe um alto risco de erro, e um julgamento precipitado pode ter consequências sérias.
- Você percebe que está **reagindo com base em emoções**, e não em fatos comprovados.

Ative o Sistema 2 quando:
- A decisão envolve múltiplas variáveis e precisa ser cuidadosamente planejada.
- É necessário analisar dados concretos, como relatórios financeiros, desempenho de projetos ou tendências de mercado.
- Você precisa avaliar impactos de longo prazo e alinhar a decisão com a cultura da empresa.

Mas tenha cuidado com o Sistema 2 quando:
- Você começa a procrastinar, evitando tomar decisões por medo de errar.
- O processo analítico se torna tão extenso que paralisa a ação da equipe.
- Você percebe que está perdendo oportunidades por excesso de precaução.

Agora talvez você se pergunte: "Mas, Keila, como equilibrar os dois sistemas na prática?". Para ser um líder mais consciente e assertivo, a chave está em desenvolver o discernimento para saber qual sistema ativar em cada situação. Aqui estão algumas estratégias que eu mesma costumo exercitar e que podem ajudar:
- **Treine sua autopercepção:** Antes de tomar uma decisão, faça um check-in rápido consigo mesmo. Pergunte-se: "Estou agindo por impulso ou analisando de maneira estratégica?". Essa simples reflexão já pode evitar muitos erros.

- **Crie processos de decisão escalonados:** Sempre que possível, estabeleça um modelo de análise rápida para decisões complexas. Por exemplo:
  - Primeiro, colete os fatos principais.
  - Depois, avalie o impacto das opções disponíveis.
  - Se for necessário, peça opiniões externas.
  - Por fim, tome a decisão com base nos critérios definidos.
- **Evite a fadiga decisória:** Nosso cérebro tem energia limitada para tomar decisões ao longo do dia. Isso significa que, depois de uma série de escolhas difíceis, começamos a perder clareza e tomamos decisões piores. Grandes líderes, como Steve Jobs e Barack Obama, adotavam estratégias como simplificar decisões pequenas (como roupas e alimentação) para preservar a energia mental para escolhas mais importantes.
- **Desenvolva um time autônomo:** Se todas as decisões recaem sobre você, é sinal de que algo precisa mudar. Ensine sua equipe a tomar decisões dentro de suas áreas de responsabilidade, liberando sua mente para focar o que realmente importa.

O PAPEL DA NEUROCIÊNCIA NA MOTIVAÇÃO DA EQUIPE

Um dos grandes desafios de qualquer líder é manter sua equipe motivada. Mas a motivação não surge do nada — ela tem bases químicas no cérebro, e compreender isso pode fazer toda a diferença na forma como você lidera.

Já ouviu falar do circuito de recompensa? Ele é um dos principais mecanismos que influenciam o comportamento humano. Quando realizamos algo positivo, nosso cérebro libera dopamina. Esse sistema é o mesmo que nos faz sentir satisfação ao alcançar uma meta ou ao receber um elogio por um trabalho bem-executado.

Agora, veja como isso se aplica diretamente à liderança: líderes que entendem a importância da dopamina conseguem manter sua equipe engajada e produtiva. Como? Criando mecanismos de reconhecimento, estabelecendo desafios estimulantes e promovendo uma cultura de feedback positivo.

O cérebro humano é programado para buscar recompensas e evitar punições. Essa busca está diretamente ligada a três neurotransmissores essenciais para a motivação e o desempenho no trabalho:

- **Dopamina:** está associada ao prazer, à expectativa de recompensa e à motivação. Quando um colaborador percebe que há reconhecimento pelo seu esforço, seu cérebro libera dopamina, o que o incentiva a continuar se dedicando.
- **Serotonina:** relacionada à sensação de pertencimento e bem-estar. Quando um líder cria um ambiente acolhedor e promove conexões interpessoais, os níveis de serotonina aumentam, reduzindo o estresse e fortalecendo a equipe.
- **Ocitocina:** conhecida como o "hormônio do vínculo", ela é liberada quando sentimos confiança e segurança no ambiente. Líderes que demonstram empatia e promovem uma cultura de apoio estimulam a produção de ocitocina na equipe.

Agora, pense comigo: como você pode usar esse conhecimento para impulsionar a motivação do seu time?

Imagine duas situações:

- **Líder A:** não dá retorno para a equipe, só aponta erros e mantém um ambiente de pressão constante. Seus colaboradores sentem que nunca fazem o suficiente e, com o tempo, vão perdendo a motivação.
- **Líder B:** fornece reconhecimento quando alguém faz um bom trabalho, estabelece metas claras e desafiado-

ras e incentiva um ambiente de aprendizado. A equipe se sente valorizada e continua se esforçando.

Qual dos dois você acha que terá uma equipe mais engajada e produtiva? A ciência responde: o Líder B. Isso porque o cérebro humano precisa de reconhecimento para manter altos níveis de dopamina e engajamento.

Líderes que negligenciam esse fator acabam criando ambientes frios e desmotivadores, levando a altos índices de turnover. Sem reconhecimento, o cérebro dos colaboradores reduz a produção de dopamina, e a motivação desaparece.

Agora que já entendemos a base neuroquímica da motivação, vamos para a prática. Como um líder pode usar esse conhecimento para criar um ambiente de trabalho mais estimulante e produtivo?

1. Estabeleça metas claras e alcançáveis

Metas bem-definidas ativam o circuito de recompensa do cérebro. Quando uma pessoa sabe exatamente o que precisa fazer e percebe progresso, a dopamina é liberada, gerando mais motivação. O segredo está em estabelecer desafios que sejam estimulantes, mas não impossíveis. Se uma meta parecer inatingível, o efeito pode ser o oposto — ansiedade e desmotivação.

Exemplo prático: em vez de dizer: "Precisamos aumentar as vendas", um líder pode definir um objetivo específico e progressivo, como "Vamos crescer 10% neste trimestre e, se atingirmos a meta, implementaremos um bônus por desempenho".

2. Dê feedbacks frequentes e significativos

A falta de feedback é um dos maiores desmotivadores no ambiente corporativo. O cérebro precisa de sinais claros para saber se está no caminho certo. Quando um líder dá um retorno positivo, ele reforça a liberação de dopamina, ajudando a manter a motivação elevada.

Exemplo prático: em vez de apenas apontar o que precisa ser melhorado, inclua reconhecimento pelos acertos: "O seu relatório estava muito bem estruturado e, se ajustarmos essa parte, ficará excelente!".

3. Crie um ambiente de pertencimento e confiança

A serotonina e a ocitocina são essenciais para a sensação de pertencimento e engajamento. Times de colaboradores que confiam uns nos outros e têm boas relações interpessoais produzem mais serotonina, o que reduz o estresse e melhora o desempenho.

Exemplo prático: pequenos gestos, como celebrar aniversários, realizar reuniões informais ou simplesmente perguntar "Como você está?" ajudam a fortalecer o vínculo emocional dentro da equipe.

4. Recompense o esforço, não apenas os resultados

Se o reconhecimento vem apenas ao final de um grande projeto, o cérebro dos colaboradores pode se sentir desmotivado durante o processo. Pequenos marcos devem ser celebrados para manter a motivação contínua.

Exemplo prático: um gestor pode dizer: "Estamos no caminho certo! Já concluímos metade do projeto, e isso só foi possível graças ao esforço de todos". Isso mantém a equipe engajada até o final.

5. Dê autonomia e propósito ao trabalho

Quando as pessoas sentem que têm controle sobre suas decisões e que seu trabalho tem significado, seus cérebros liberam mais dopamina, tornando-as mais motivadas.

Exemplo prático: um líder pode envolver a equipe na tomada de decisões, perguntando: "Como vocês acham que podemos otimizar esse processo?". Isso faz com que os colaboradores se sintam parte ativa das soluções.

O PERIGO DO ESTRESSE CRÔNICO PARA O LÍDER E SEU TIME

Você já sentiu que a pressão no trabalho está afetando sua clareza mental? Que sua cabeça parece sobrecarregada, as ideias não fluem e até as tarefas simples parecem mais difíceis? Se sim, você não está sozinho. Isso tem uma explicação científica — e uma solução prática.

O estresse libera cortisol, um hormônio que nos prepara para situações de ameaça. Ele é essencial para a nossa sobrevivência. Imagine nossos ancestrais: se um predador aparecesse, o cortisol ativaria o corpo para reagir, correndo ou lutando. No mundo moderno, no entanto, o que dispara essa resposta não são mais leões ou mamutes, mas prazos apertados, cobranças excessivas, e-mails urgentes e reuniões intermináveis.

O problema não é o estresse em si, mas o excesso dele.

Em doses controladas, o cortisol pode ser benéfico — afinal, ele nos mantém alertas e prontos para agir. Mas, quando o estresse se torna crônico, o excesso de cortisol começa a prejudicar diversas funções cerebrais, como:

- **Memória:** dificuldade de lembrar informações importantes, o famoso "branco" nas reuniões.
- **Capacidade de foco:** distração constante e dificuldade de concluir tarefas.
- **Tomada de decisão:** o cérebro passa a operar no modo de sobrevivência, priorizando respostas rápidas em vez de estratégicas.
- **Criatividade e inovação:** o medo do erro se torna maior do que a vontade de arriscar novas ideias.

E sabe o que é pior? O estresse não afeta só o líder, mas também a equipe. Em outras palavras, o estado emocional do líder impacta o time.

Você já entrou em um ambiente e, sem que ninguém precisasse dizer algo, sentiu a tensão no ar? Isso acontece porque as emoções são "contagiosas". A neurociência explica que nosso cérebro possui neurônios-espelho, que fazem com que inconscientemente captemos o estado emocional dos outros.

Se um líder está constantemente estressado, nervoso e reativo, isso se espalha pela equipe. Estudos mostram que colaboradores que trabalham sob pressão constante e em ambientes hostis apresentam:

- **Queda significativa na criatividade:** o medo de errar suprime a inovação.
- **Baixa produtividade:** o cansaço mental leva à procrastinação e ao aumento de erros.
- **Falta de comprometimento:** funcionários que se sentem sobrecarregados perdem a motivação e começam a buscar outras oportunidades.

Agora, pense no oposto. Um líder que sabe regular suas emoções, que transmite calma e segurança e que cria um ambiente onde a equipe se sente mais confiante, motivada e produtiva.

Se o estresse é um problema recorrente para você e sua equipe, existem formas eficazes de contornar isso. A neurociência sugere estratégias simples, mas extremamente poderosas para reduzir os níveis de cortisol e melhorar o desempenho cerebral.

1. Pausas estratégicas — o cérebro precisa de intervalos

Seu cérebro não foi projetado para trabalhar sem descanso. A ciência mostra que pequenos períodos de pausa ao longo do dia ajudam a restaurar a energia mental e a aumentar a produtividade.

O que fazer na prática?

- Trabalhe em ciclos. A técnica Pomodoro é um método de gestão do tempo que consiste em dividir o trabalho em blocos de 25 minutos de foco total, seguidos por cinco minutos de pausa. A cada quatro blocos, faz-se uma pausa mais longa, de quinze a trinta minutos. Ela é amplamente difundida porque melhora a concentração, combate a procrastinação e aumenta a produtividade ao ajudar o cérebro a manter o foco sem se sobrecarregar. A simplicidade e a eficácia da técnica a tornaram popular no mundo todo, especialmente entre estudantes, profissionais criativos e líderes.
- Levante-se, alongue-se e olhe pela janela. Estudos mostram que mudar o foco por alguns minutos reduz o estresse e melhora a concentração.
- Se possível, saia para um rápido passeio ao ar livre. A luz natural ajuda a regular o relógio biológico e melhora o humor.

2. Respiração controlada — ative o sistema nervoso de relaxamento

Já percebeu como sua respiração muda quando você está estressado? Ela fica curta e superficial. Isso ativa o sistema de resposta ao estresse, mantendo altos níveis de cortisol.

A solução? Respiração diafragmática profunda. Embora simples, esta é uma das práticas que mais me ajudam a relaxar em momentos de tensão.

Pesquisas mostram que técnicas simples de respiração podem reduzir a pressão arterial, diminuir a frequência cardíaca e ativar o sistema nervoso parassimpático, que é responsável pelo relaxamento.

O que fazer na prática?

- Respire fundo pelo nariz por quatro segundos.

- Segure o ar por quatro segundos.
- Solte lentamente pela boca por seis a oito segundos.
- Repita por um a dois minutos.

Isso ajuda a regular as emoções e a restaurar o equilíbrio mental.

3. Crie um ambiente positivo e psicologicamente seguro

Quer reduzir o estresse na equipe? Torne o ambiente de trabalho um lugar onde as pessoas se sintam seguras para falar, errar e aprender.

O que fazer na prática?

- Demonstre confiança para com os seus colaboradores. Delegue e permita autonomia.
- Promova conversas construtivas. Evite feedbacks agressivos e troque por um tom encorajador.
- Reconheça pequenos progressos. Estudos mostram que, quando as pessoas sentem que estão avançando, mesmo que pouco a pouco, seu nível de motivação aumenta.

4. Tenha uma rotina de descanso de qualidade

O sono é um dos maiores reguladores do cortisol. Líderes que dormem mal tendem a ser mais reativos, menos criativos e mais propensos ao *burnout*. Sei que muitas pessoas sofrem com a falta de sono de qualidade, mas pequenos ajustes podem fazer grande diferença.

O que fazer na prática?

- Estabeleça um horário fixo para dormir. O cérebro funciona melhor com regularidade.
- Evite telas antes de dormir. A luz azul de celulares e computadores reduz a produção de melatonina, prejudicando o sono.
- Crie um ritual noturno. Ler um livro, tomar um chá ou praticar meditação ajudam a desacelerar.

TOMADA DE DECISÃO E VIÉS COGNITIVO — O QUE A NEUROCIÊNCIA NOS ENSINA?

Se tem algo que todo líder precisa fazer em seu dia a dia é tomar decisões estratégicas, das mais simples às mais complexas. Em geral, fazemos isso sem nos dar conta. Nosso cérebro está cheio de atalhos mentais, conhecidos como "vieses cognitivos". Eles existem para economizar energia e agilizar o processamento de informações. Afinal, se tivéssemos que analisar racionalmente cada pequena decisão ao longo do dia, nosso cérebro entraria em colapso.

Por exemplo, você já entrou em um restaurante, olhou o cardápio e escolheu rapidamente um prato que já conhecia, sem considerar outras opções? Isso acontece porque seu cérebro quer minimizar o esforço cognitivo e recorrer a padrões já estabelecidos. No entanto, em um contexto de liderança, esses atalhos que podem levar a equívocos irreparáveis podem nos levar a cometer erros graves de julgamento e afetar toda a equipe.

Os vieses influenciam nossas decisões diariamente, muitas vezes sem que percebamos. E o problema é que, como líderes, nossas decisões não impactam apenas a nós mesmos, mas toda a equipe e organização. Vamos analisar alguns vieses cognitivos que costumam se manifestar na liderança e como evitá los.

1. Viés da confirmação — quando vemos apenas o que queremos ver

Esse é um dos vieses mais perigosos para qualquer líder. Ele nos leva a buscar informações que confirmam nossas crenças e a ignorar evidências que as contradizem.

Exemplo prático: imagine que você acredita que um colaborador da sua equipe não é comprometido. Com esse viés, você tende a notar apenas os momentos em que ele erra ou chega atrasado, ignorando completamente suas contribuições positivas. Se ele fizer algo certo, você pode até justificar dizendo: "Foi sorte".

Como evitar?

- Sempre busque dados objetivos antes de formar um julgamento.
- Converse com diferentes pessoas para ter percepções variadas.
- Pergunte-se: "Se fosse outra pessoa, eu interpretaria essa situação da mesma forma?".

2. Viés da aversão à perda — o medo que nos prende ao passado

O cérebro humano tem uma tendência natural a evitar perdas mais do que buscar ganhos. Estudos mostram que a dor de perder algo é duas vezes mais intensa do que a alegria de ganhar. Esse viés pode fazer com que um líder resista a mudanças, mesmo quando elas são necessárias.

Exemplo prático: um líder mantém um processo ineficiente porque "sempre foi assim" e teme que uma mudança traga riscos. Mesmo sabendo que a nova estratégia pode ser mais eficaz, ele adia a decisão pelo medo de errar.

Como evitar?

- Encare mudanças como aprendizado, e não como ameaças.
- Analise os impactos reais das decisões com dados e projeções.
- Faça testes menores antes de grandes mudanças para reduzir a incerteza.

3. Efeito halo — quando um único fator influencia tudo

O efeito halo acontece quando um único aspecto positivo ou negativo de uma pessoa influencia completamente nossa percepção sobre ela.

Exemplo prático: um colaborador que fala bem em reuniões pode ser visto como extremamente competente, mesmo que seu desempenho técnico não seja tão bom. Isso pode resultar em promoções equivocadas ou favoritismos inconscientes.

Como evitar?

- Faça avaliações baseadas em múltiplos critérios, não apenas em uma impressão.
- Observe o desempenho real da pessoa ao longo do tempo.
- Peça feedbacks de outras pessoas para balancear sua percepção.

4. Viés da ancoragem — quando a primeira informação nos prende

Esse viés nos faz dar peso excessivo à primeira informação que recebemos, influenciando todas as decisões seguintes.

Exemplo prático: se um fornecedor apresenta um orçamento muito alto no início da negociação, qualquer valor que ele oferecer depois parecerá mais razoável, mesmo que ainda esteja acima do preço justo.

Como evitar?

- Sempre compare informações antes de tomar uma decisão.
- Evite se prender a uma única referência inicial.
- Pergunte-se: "Se eu não soubesse desse primeiro número, minha decisão seria diferente?".

5. Viés da conformidade — seguindo a multidão sem questionar

Já percebeu como, às vezes, as pessoas tendem a concordar com a maioria, mesmo que discordem internamente? Esse viés acontece porque nosso cérebro busca aceitação social.

Exemplo prático: em uma reunião, um líder sênior sugere uma ideia e ninguém questiona, mesmo que alguns achem que há opções melhores. Todos seguem a decisão por medo de discordar.

Como evitar?

- Incentive diferentes opiniões e perspectivas.
- Crie um ambiente onde discordar respeitosamente seja bem-visto.
- Questione: "Essa é realmente a melhor ideia ou estamos apenas seguindo a maioria?".

Agora que você já conhece os vieses que afetam a liderança, a pergunta é: como podemos combatê-los e tomar decisões mais racionais e justas?

1. Pratique o pensamento crítico

Antes de tomar uma decisão, pergunte-se:

- Quais são os fatos objetivos dessa situação?
- Estou ignorando informações importantes porque não se encaixam no que eu já acredito?
- Estou considerando todas as perspectivas ou apenas a minha?

2. Desacelere o processo de decisão

Muitas vezes, tomamos decisões no piloto automático. Mas nem todas as decisões precisam ser imediatas. Se possível, dê um tempo para analisar melhor as opções antes de decidir.

3. Peça opiniões diversificadas

Grandes líderes não tomam decisões sozinhos. Consultar pessoas de diferentes áreas e níveis hierárquicos **traz novas perspectivas e reduz a influência dos vieses cognitivos.**

4. Crie o hábito de questionar suas próprias certezas

Bons líderes não têm medo de mudar de opinião. Sempre se pergunte: "Eu posso estar errado sobre isso? O que alguém que discorda de mim diria?".

5. Utilize dados e métricas para apoiar suas decisões

O cérebro pode nos enganar, mas os números não. Sempre que possível, baseie suas escolhas em evidências concretas.

Liderar é um ato profundamente humano, e a neurociência nos ajuda a entender por que nos comportamos da maneira como nos comportamos — e, mais importante, como podemos fazer isso melhor. Quando compreendemos o funcionamento do cérebro, passamos a enxergar a liderança com mais clareza, adotando práticas mais estratégicas e, ao mesmo tempo, mais alinhadas com as necessidades reais das pessoas.

Se existe uma maneira de tornar a liderança mais eficaz e humana ao mesmo tempo, essa maneira passa pelo conhecimento do cérebro. E agora que você já conhece algumas dessas estratégias, que tal começar a aplicá-las no seu dia a dia? Pequenos ajustes no jeito de tomar decisões, se comunicar e motivar sua equipe já podem fazer uma diferença gigantesca.

"Compreender a neurociência tem sido um diferencial importante na minha trajetória como líder. Um dos primeiros pontos que aprendi foi que o estresse pode ter tanto efeitos positivos quanto negativos para a equipe, dependendo de sua intensidade e frequência. Esse insight foi essencial no nosso trabalho, no qual lidamos com prazos mensais inadiáveis. Passei a analisar com mais cuidado quando pedimos atividades que não possuem prazos legais, buscando distribuir melhor as tarefas e criar uma margem de segurança. Agora, sempre temos um colaborador de reserva para lidar com imprevistos, o que ajudou a reduzir o estresse crônico. Isso tudo só foi possível com organização e planejamento, que se tornaram práticas centrais na equipe.

Além disso, em vez de simplesmente repassar novas demandas aos colaboradores, passamos a planejá-las juntos. Em reuniões colaborativas, ouvimos sugestões e ideias sobre como incorporar tarefas adicionais ou atender novos clientes, o que trouxe uma mudança significativa na dinâmica do time. A escuta ativa e a construção de soluções conjuntas não só promoveram um ambiente colaborativo, mas também aumentaram o engajamento e a disposição para abraçar novos desafios.

Outra prática importante que introduzimos foi o cuidado com a saúde mental da equipe. Formamos um grupo dedicado à saúde mental e implementamos técnicas de meditação, criando um espaço para compartilhar ideias para o bem-estar, como a importância de alimentação saudável, atividade física e sono de qualidade. Esses elementos ajudaram a construir um ambiente mais saudável e equilibrado, que não apenas diminuiu o estresse, mas também promoveu a produtividade e a motivação.

A neurociência também me ajudou a adaptar a forma como lido com feedbacks e comunicação, respeitando as diferenças neurobiológicas. Sabemos que homens e mulheres têm tendências distintas de processar informações e reagir a feedback, e isso influencia na minha abordagem. Com alguns colaboradores, opto por uma comunicação mais direta, enquanto com outros utilizo uma abordagem mais colaborativa, levando em conta o perfil de cada um. Além disso, avalio o nível de experiência de cada colaborador antes de fornecer orientações técnicas, garantindo que todos recebam o apoio necessário para evoluir em seu próprio ritmo.

Em momentos críticos, o conhecimento neurocientífico foi fundamental para renovar a motivação da equipe. Houve um período em que percebi que o time estava desmotivado com algumas metas. Inspirada pela neurociência, passei a implementar um sistema de recompensas, pelo qual celebramos pequenas conquistas com elogios e reconhecimento. Além disso, no final de cada ano, oferecemos um presente simbólico aos que alcançam as metas anuais e celebramos com uma comemoração coletiva. A introdução de pequenas recompensas, que estimulam a liberação de dopamina, apresentou uma diferença notável, resultando em maior motivação e engajamento.

A neurociência também influenciou nosso planejamento diário. Aprendemos que o cérebro está mais alerta em determinados horários, então programamos reuniões para a manhã, quando possível, e incluímos pequenas pausas com lunches antes de discussões complexas, ajudando a melhorar a absorção das informações e a reduzir o estresse. Criamos, assim, um ambiente que favorece a neuroplasticidade, incentivando a aprendizagem contínua e a resolução de problemas de maneira eficaz.

Um dos casos práticos mais relevantes em que aplicamos a neurociência foi na melhoria da comunicação interna. Havia uma falta de comunicação que gerava retrabalho, estresse e urgência em algumas entregas. Para resolver isso, introduzimos treinamentos de comunicação eficaz baseados em princípios neurocientíficos, implementamos reuniões semanais para que os líderes pudessem se atualizar sobre os projetos e passamos a envolver a equipe no planejamento de novas demandas e clientes. Essas mudanças melhoraram a comunicação, aumentaram o senso de pertencimento e fortaleceram a segurança psicológica dentro do time.

Esse conhecimento sobre a neurociência tem sido uma ferramenta poderosa para promover um ambiente de trabalho mais saudável, produtivo e alinhado com o desenvolvimento de cada colaborador. Não só ajudou a reduzir o estresse e a melhorar a comunicação, mas também incentivou o crescimento de cada membro da equipe em um ambiente seguro e motivador."

Jéssica Brazil,
supervisora do departamento contábil da empresa
Aquarius Contabilidade

CAPÍTULO 7

SÉTIMO PILAR:

Legado e herança

Estamos no mundo não apenas para gerar vidas, mas para transformá-las.

Se tem algo que aprendi ao longo da minha jornada é que liderança não é apenas sobre metas atingidas ou prêmios conquistados. É sobre o impacto que deixamos nas pessoas ao nosso redor. Você já parou para pensar no que os outros vão lembrar sobre você como líder? Não falo apenas no ambiente de trabalho, mas na vida de cada pessoa que teve contato com a sua liderança.

Já ouvi muitas vezes a frase: "As pessoas podem esquecer o que você disse, mas nunca esquecerão como você as fez se sentir". Isso se aplica diretamente ao legado que deixamos. Se você fosse embora hoje da empresa ou da equipe que lidera, o que ficaria? Que cultura, valores e exemplos estariam enraizados no grupo graças ao seu trabalho? Porque, no fim das contas, liderança é mais do que orientar projetos. É formar pessoas. E isso, querido leitor e querida leitora, é herança.

Um verdadeiro legado não se resume a resultados financeiros, mas sim a valores sólidos que sobrevivem ao tempo. Empresas e líderes que compreendem isso transcendem gerações. Pense em nomes como Nelson Mandela, que liderou uma nação pela reconciliação, ou Satya Nadella, que transformou a cultura corporativa da Microsoft com uma abordagem baseada em empatia e inovação. O que todos eles têm em comum? Eles não apenas tomaram boas decisões estratégicas, mas deixaram uma mentalidade e um propósito para os que vieram depois.

Liderar com a mentalidade de legado significa entender que seu impacto não termina quando você deixa um cargo ou encerra um projeto. O verdadeiro líder não busca apenas reconhecimento no presente, mas constrói algo que continuará a influenciar e transformar pessoas muito além do seu tempo. Isso exige um compromisso constante com valores que possam ser perpetuados, seja no ambiente corporativo, seja na vida pessoal.

No mundo corporativo, podemos ver o impacto do legado nos valores das organizações. Empresas que investem em diversidade e segurança psicológica criam um ambiente onde as pessoas se sentem respeitadas e valorizadas, o que fortalece a cultura organizacional para além de qualquer CEO ou diretor específico. São empresas que perduram porque entenderam que o verdadeiro sucesso está em seu capital humano. Um exemplo disso é a Patagonia, cujo compromisso com a sustentabilidade e o ativismo ambiental ultrapassa seus produtos, influenciando diretamente toda uma geração de negócios voltados para o impacto positivo. Ou o Grupo Boticário, que consolidou uma cultura de inclusão e responsabilidade social, criando um legado de impacto que se reflete na maneira como a empresa se relaciona com seus colaboradores e consumidores.

Mas e no dia a dia? O legado não está apenas nas grandes empresas ou nos grandes líderes globais. Ele está no professor que inspira um aluno a seguir um caminho de inovação, no gestor que dá espaço para sua equipe crescer e desenvolver autonomia, no empreendedor que usa sua empresa para impactar positivamente sua comunidade. O legado não se constrói apenas com grandes discursos e estratégias bem-elaboradas, mas, principalmente, com pequenas ações diárias.

Agora eu pergunto a você: já parou para pensar se as pessoas ao seu redor enxergam em você um exemplo a ser seguido? Seu legado não se constrói apenas no discurso, mas na forma como você lida com desafios, se posiciona diante de crises, se relaciona com sua equipe e influencia aqueles que compartilham a jornada com você. É no dia a dia, nas decisões silenciosas e nos momentos que parecem pequenos que a verdadeira herança de um líder é formada.

A liderança vem com uma responsabilidade imensa, porque cada escolha que fazemos não afeta apenas os nossos resultados, mas também molda a cultura ao nosso redor. Isso acontece tanto no ambiente profissional quanto fora dele. Um líder que incentiva a inovação e a colaboração cria um espaço onde as pessoas se sentem seguras para contribuir, compartilhar ideias e experimentar novas soluções sem medo de errar. Esse tipo de ambiente fortalece a criatividade, a confiança e o crescimento coletivo. Por outro lado, um líder que centraliza tudo em si, que não delega e age sem transparência, gera insegurança, medo e um ambiente onde as pessoas apenas cumprem ordens, sem qualquer engajamento ou senso de pertencimento.

A verdade é que não lideramos apenas equipes. Lideramos indivíduos que, por sua vez, influenciam outras pessoas — seus colegas, suas famílias e suas comunidades. Nossa postura gera um efeito cascata que pode transformar (ou deteriorar) ambientes inteiros. O impacto de uma liderança vai muito além do que se vê imediatamente. Pense, por exemplo, em um gestor que constantemente demonstra equilíbrio emocional e respeito em momentos de crise. Essa atitude não só melhora o clima da equipe, mas também ensina, na prática, como lidar com desafios com inteligência e empatia. Um colaborador, liderado por esse gestor, ao se tornar líder, provavelmente repetirá esse padrão, perpetuando uma cultura de respeito e resiliência.

Se queremos um futuro melhor, mais humano e sustentável, precisamos começar pelo nosso próprio modelo de liderança. Isso significa refletir sobre como estamos impactando aqueles que nos cercam. O que nossas atitudes estão ensinando? Estamos estimulando o crescimento das pessoas ou apenas cobrando resultados? Estamos deixando um ambiente mais seguro e inspirador ou apenas mais estressante e burocrático? Cada líder deve se perguntar: "Se todos liderassem da mesma forma que eu, estaríamos criando um mundo melhor?".

A liderança consciente entende que moldamos não apenas o presente, mas também o futuro. Um líder que age com clareza de propósito e responsabilidade cria um legado que se perpetua, influenciando positivamente gerações de profissionais e promovendo uma cultura na qual ética, colaboração e inovação caminham juntas. Isso não é um detalhe. É uma escolha diária que define o tipo de marca que deixaremos para o mundo.

O PAPEL DA CONSCIÊNCIA AMBIENTAL E SOCIAL NA LIDERANÇA MODERNA

A liderança moderna transcende a busca por lucros e produtividade, incorporando uma consciência ambiental e social que ressoa profundamente com as novas gerações. Atualmente, consumidores e colaboradores valorizam empresas comprometidas com a sustentabilidade e a inclusão, demonstrando que o mercado evoluiu para além dos indicadores financeiros tradicionais. Líderes contemporâneos devem, portanto, considerar o impacto de suas ações não apenas dentro das organizações, mas também na sociedade em geral.

Empresas como a Natura, empresa brasileira de cosméticos, exemplificam essa mentalidade ao integrar práticas sustentáveis em seu modelo de negócios. A Natura realiza ações de uso sustentável de recursos naturais da Amazônia, com mais de 80% dos componentes de seus produtos sendo de origem vegetal. Além disso, a empresa desenvolve e substitui substâncias usadas em seus produtos, como o polietileno convencional por polietileno verde, que é composto de cana-de-açúcar, contribuindo para a diminuição dos impactos ambientais.

A adoção de práticas sustentáveis também está associada a benefícios financeiros. Um estudo revelou que essas iniciativas têm sido adotadas com o objetivo de mitigar riscos e aumentar as chances de sobrevivência das organizações. Além disso, impulsionam o engajamento e o moral dos funcionários. Um relatório do Boston Consulting Group revelou que as empresas que se comprometem com a sustentabilidade apresentam 55% a mais de satisfação entre os colaboradores. Funcionários que acreditam que suas empresas estão contribuindo positivamente para o mundo tendem a ser mais produtivos e leais.

Empresas de diversos portes têm implementado iniciativas significativas. Por exemplo, a Faber-Castell, com mais de duzentos anos de existência, é uma das gigantes no mercado de materiais escolares e de escritório e apoia projetos sociais no Brasil. Por sua vez, a Vulcabras, indústria calçadista, investe em energia limpa, sendo abastecida por energia eólica desde janeiro de 2022, e criou uma área de preservação ambiental de 30 mil metros quadrados em Itapetinga (BA), onde realizou o plantio de duas mil mudas de árvores nativas. Existem inúmeras empresas de médio porte que também fazem a diferença em projetos sociais. A nossa empresa no Mato Grosso também faz a sua parte na sociedade ao apoiar a Associação Mãezinha do Céu há duas décadas. Essa entidade oferece a mais de duzentas crianças e adolescentes atividades voltadas ao desenvolvimento humano e profissional.

Esses exemplos ilustram que a liderança consciente, alinhada com as demandas sociais e ambientais, não é apenas uma tendência passageira, mas uma necessidade estratégica. Líderes que incorporam essa visão ampliada em suas decisões e estratégias não apenas contribuem para um mundo mais sustentável, mas também garantem a relevância e a prosperidade de suas organizações em um mercado em constante evolução.

COMO CONSTRUIR UM LEGADO ALINHADO COM SEUS PROPÓSITOS

Já parou para pensar no que ficará depois que você não estiver mais presente? Qual será a sua marca no mundo? Como sua liderança será lembrada?

Liderar é muito mais do que gerenciar processos, alcançar metas ou tomar decisões estratégicas. Liderar é influenciar, transformar e impactar vidas. O verdadeiro legado de um líder não está apenas nos números que ele gerou, nos projetos que ele entregou ou nos prêmios que recebeu. O legado real se encontra nas pessoas que foram impactadas pelo seu jeito de liderar.

Pense nos grandes líderes que marcaram a história. O que vem à sua mente quando pensa em líderes que você admira? Tenho certeza de que essas pessoas não foram apenas indivíduos em posições de poder — foram agentes de transformação que deixaram um impacto profundo, não apenas pelo que fizeram, mas pelo modo como inspiraram os outros a continuar sua missão.

Agora, traga isso para sua própria realidade: qual é a cultura que você está ajudando a construir ao seu redor? O que as pessoas dizem sobre você quando não está na sala? O que seu time aprendeu com você que poderá carregar para a vida?

Para começar a construir um legado consciente e significativo, você pode se fazer algumas perguntas:

- **O que você gostaria que as pessoas dissessem sobre você como líder?**

  Pense em um momento futuro em que sua equipe, seus amigos ou até sua família estejam contando sua história. Como você gostaria de ser lembrado? Sua liderança foi inspiradora, inclusiva, inovadora? Ou apenas funcional, voltada para resultados?

- **Quais valores você quer perpetuar na cultura da sua equipe ou empresa?**

  Os valores de um líder se refletem diretamente na cultura do ambiente de trabalho. Se você valoriza a colaboração, a inovação e a transparência, esses aspectos precisam estar presentes nas suas ações diárias. Se deseja que sua equipe valorize a ética e o respeito, precisa ser o primeiro a dar esse exemplo.

- **O que você tem feito hoje para garantir que sua liderança seja lembrada pelo impacto positivo?**

  Seu legado não será construído amanhã, nem daqui a dez anos — ele está sendo moldado todos os dias, em cada interação, em cada decisão e em cada palavra que você escolhe dizer. O impacto que você deixa é a soma das suas pequenas ações cotidianas.

- **Como você pode garantir que seu legado não dependa apenas de você, e sim de uma cultura sólida que continue existindo quando você não estiver mais ali?**

  O verdadeiro teste de uma liderança bem-sucedida não é o que acontece enquanto você está no comando, mas o que permanece quando você sai. Uma cultura de liderança forte e inspiradora precisa ser cultivada dentro da equipe, permitindo que o legado se sustente independentemente da sua presença.

Para que seu legado se torne uma herança que atravessa gerações e continue influenciando mesmo depois que você seguir outro caminho, é necessário um planejamento consciente. Aqui estão algumas estratégias que podem ajudá-lo a construir um legado forte e alinhado com seus propósitos:

1. Tenha clareza sobre seus valores e viva de acordo com eles

Seus valores sao a base do seu legado. Mas não basta apenas defini-los — é preciso vivê-los diariamente. Se um líder diz que acredita na transparência, mas toma decisões sem envolver a equipe, sua mensagem perde credibilidade. Se prega inovação, mas resiste a novas ideias, ele se contradiz. O legado só é construído com consistência entre discurso e prática.

2. Desenvolver líderes ao seu redor

Liderança não deve ser sobre criar seguidores, mas sim sobre desenvolver novos líderes. Quando você capacita outras pessoas, quando as ensina a pensar estrategicamente, a agir com responsabilidade e a tomar decisões alinhadas com os valores da organização, você garante que sua influência se perpetue. Um líder que constrói seu legado de forma consciente entende que seu impacto não pode depender exclusivamente dele. Por isso, se dedica a formar outros líderes que darão continuidade à sua visão.

3. Transformar erros em aprendizados duradouros

Um dos legados mais valiosos que um líder pode deixar é a cultura do aprendizado contínuo. Isso significa transformar erros em oportunidades de crescimento, incentivar o questionamento e permitir que a equipe se desenvolva a partir de desafios.

Imagine um ambiente onde errar não significa punição, mas sim aprendizado. Uma cultura assim se perpetua porque dá espaço para a inovação, para o crescimento e para a melhoria contínua.

4. Provocar um impacto que vá além dos números

Lucros são importantes, metas precisam ser alcançadas, mas o que realmente faz a diferença a longo prazo é o impacto humano. Um legado forte é aquele que vai além dos números e se conecta com as pessoas.

O que você está deixando para as pessoas ao seu redor? Sua equipe está crescendo? Seus colaboradores estão se desenvolvendo? Você está ajudando a construir um ambiente de trabalho onde as pessoas se sentem seguras, valorizadas e motivadas?

Se a resposta for sim, seu legado já está sendo construído.

5. Tornar seu propósito visível e acessível

Um líder que deseja deixar um legado precisa tornar sua visão clara para todos. Se você tem um propósito forte, compartilhe-o. Se acredita em algo, fale sobre isso. Quanto mais pessoas entenderem seu propósito e compartilharem da sua visão, mais sua liderança se multiplicará.

Isso pode ser feito de diversas formas:

- Criando rituais e práticas dentro da organização que reforcem seus valores.
- Compartilhando sua história e seus aprendizados com transparência.
- Inspirando outros a agirem da mesma forma, para que sua visão vá além de você.

No fim das contas, o que realmente fica de um líder não são as metas batidas ou os relatórios de desempenho. O que fica são as histórias que as pessoas contam sobre ele. São os momentos em que ele foi mentor, os desafios que ajudou a superar, as oportunidades que criou para que outros brilhassem.

E o mais incrível de tudo é que você tem o poder de construir esse legado agora mesmo.

Cada conversa, cada decisão, cada atitude sua hoje é um tijolo a mais na construção da marca que você deixará no mundo. O que você quer que essa marca represente? Como você deseja ser lembrado? Seja qual for a sua resposta, comece a agir de acordo com ela hoje. Porque, no final, a única certeza que temos é a de que o tempo passa — e o que fica é o impacto que causamos nos outros.

Conclusão

Liderança não diz respeito somente a uma posição, um cargo ou um conjunto de responsabilidades. Liderar é missão e compromisso com o presente, com o objetivo de construir um futuro melhor, com o impacto que deixamos nas pessoas, nas empresas e na sociedade. Ao longo deste livro, busquei apresentar a você as estratégias e os pilares que sustentam uma liderança verdadeiramente humana — uma liderança que combina inteligência, sensibilidade e propósito para gerar resultados sustentáveis e duradouros.

Se tem algo que aprendi em meus anos à frente de muitas equipes, seja nos desafios que enfrentei, seja nas histórias que escutei de tantos outros líderes ao redor do mundo, é que a grandeza de um bom gestor não se mede apenas pelos números. Ela se mede pelo efeito e pelo impacto que causamos em nossos colaboradores. Pelas mudanças que inspiramos. Pelo legado que construímos.

Ao receber o convite para ocupar essa cadeira, não podemos desperdiçar a oportunidade de impactar a vida das pessoas. Sonhar com um mundo melhor, feito de indivíduos melhores, não é ideologia, é esperança! O egoísmo ainda nos domina, e precisamos dar um passo além do "Eu sou" para o "Nós somos". Pensar na coletividade é compreender que a transformação começa em nosso interior, mas ecoa em todos ao nosso redor.

Por isso, espero que este livro seja mais do que um conjunto de reflexões e conceitos sobre liderança. Ele é um chamado. Um convite para que você, líder — ou líder em formação —, desenvolva uma abordagem mais consciente, estratégica e impactante em sua jornada. Que sirva como um mapa, ajudando-o a equilibrar razão e emoção, estratégia e empatia, visão e ação.

Assuntos técnicos de gestão e liderança, como finanças, processos, fluxos de trabalho, marketing e vendas, por exemplo, já são abordados amplamente e de certa forma não são tão difíceis de ensinar. Os pilares que você conheceu aqui não são apenas boas práticas; são habilidades comportamentais essenciais que precisam ser desenvolvidas por todos aqueles que desejam construir relacionamentos pessoais e profissionais saudáveis e duradouros. São os mesmos pilares validados por programas de alto nível, como os utilizados pela Nasa para desenvolver seus líderes. São os fundamentos que fazem empresas se tornarem inovadoras, sustentáveis e desejadas pelos melhores talentos. São os alicerces que permitem que líderes não apenas comandem, mas inspirem. Reforço: pessoas não pedem demissão de empresas; elas pedem demissão de pessoas!

A grande questão é: qual será o *seu* legado? O que as pessoas lembrarão da sua liderança? O que as pessoas lembrarão de você? Como sua equipe, seus colegas, sua empresa e até mesmo sua família serão impactados pelo modo como você escolhe liderar? Você quer ser lembrado como alguém que apenas passou, sem deixar um rastro de impacto positivo? Ou como alguém que inspirou crescimento, confiança e transformação?

Você já tem as ferramentas. Já sabe que liderar com humanidade não significa ser permissivo ou renunciar à excelência. Pelo contrário, significa criar ambientes onde as pessoas possam prosperar, inovar e se comprometer com grandes resultados.

Durante anos, tive o privilégio de levar essa mensagem para muitas pessoas, empresários e equipes por meio de minhas palestras e treinamentos, no Brasil e no exterior. Agora, este livro é a chance de expandir essa transformação. Minha intenção é que estas páginas ofereçam uma nova visão sobre liderança e reforcem um olhar que não separa resultado de humanidade, que não trata empatia como fraqueza, que não reduz inteligência emocional a um detalhe secundário.

Agora, eu entrego essa missão a você. Não terceirize a responsabilidade. Seja a transformação que deseja ver no mundo. Seja no seu cargo atual, seja na sua futura posição de liderança, seja dentro do seu lar, você tem a oportunidade de aplicar esses conceitos e criar um impacto real. E, mais do que isso, de ser um líder que inspira outros a fazer o mesmo!

O que você pode fazer a partir de hoje?

- Revisitar os conceitos e aplicar as estratégias no seu dia a dia.
- Compartilhar esse conhecimento com seu time e estimular conversas sobre liderança humanizada.
- Continuar buscando aprendizado e evolução constantes.

E, acima de tudo, refletir sobre o legado que você está construindo.

Liderança não é um ponto de chegada. É uma jornada em constante evolução. Nos vemos no palco, na sua empresa ou na transformação que você começará a criar a partir de hoje! A liderança humana é o futuro. E esse futuro começa agora!

Bibliografia

Os estilos de liderança que apresentei, como Visionário, Servidor, Carismático, Autêntico, Democrático, Transformacional, Estratégico, Autoritário e Coach, são conceitos que ainda precisam ser mais difundidos para que os líderes assimilem e consigam pôr em prática em seu dia a dia.

Embora muitos desses estilos não sejam exclusivos de uma única obra ou livro, eles têm sido explorados em diversas fontes ao longo do tempo. A seguir, menciono algumas obras e autores que podem ter influenciado esses conceitos, caso você queira explorar e estudar mais a esse respeito.

1. **Liderança Transformacional:** introduzido inicialmente por James MacGregor Burns em seu livro *Leadership* (1978) e depois aprofundado por Bernard Bass, é um estilo amplamente estudado e aplicado no desenvolvimento de líderes que inspiram e motivam sua equipe.

2. **Liderança Servidora:** o conceito de liderança servidora foi popularizado por Robert K. Greenleaf no ensaio *The Servant as Leader* (1970). Ele argumenta que o verdadeiro líder serve à sua equipe, promovendo o bem-estar de todos.

3. **Liderança Autêntica:** o termo ganhou destaque com o livro *Authentic Leadership* (2003), de Bill George, no qual ele defende a importância da integridade e da transparência no desenvolvimento de líderes eficazes.

4. **Liderança Visionária:** embora o termo "visionário" não seja exclusivo a uma obra, ele aparece em muitos

textos que tratam de liderança estratégica, incluindo o clássico de Peter M. Senge, *A quinta disciplina* (2013), e no contexto da inovação, como no livro *O dilema da inovação* (1997), de Clayton M. Christensen.

5. **Liderança Carismática:** Max Weber foi o primeiro a introduzir o conceito de liderança carismática no início do século xx, associando-o a líderes que inspiram seus seguidores pela personalidade e pela visão. O conceito foi explorado em textos como "Transforming an industry in crisis: Charisma, routinization, and supportive cultural leadership", de Janice M. Beyer e Larry D Browning.[3]

6. **Liderança Democrática:** também conhecida como liderança participativa, é um estilo de liderança frequentemente abordado em livros de gestão, como o de Daniel Goleman, *Liderança: a inteligência emocional na formação do líder de sucesso* (2015), em que ele explora como a participação ativa da equipe no processo decisório fortalece a coesão e a criatividade.

7. **Liderança Estratégica:** esse estilo aparece em livros voltados à estratégia corporativa, como *Empresas feitas para vencer* (2018), de Jim Collins, que explora o papel do planejamento estratégico no sucesso de longo prazo das empresas.

---

3 BEYER, Janice M.; BROWNING, Larry D. "Transforming an industry in crisis: Charisma, routinization, and supportive cultural leadership". *The Leadership Quarterly*, v. 10, n. 3, p. 483-520, outono 1999. Disponível em: https://www.sciencedirect.com/science/article/abs/pii/S1048984399000260. Acesso em: 6 abr. 2025.

8. **Liderança Autoritária:** esse estilo é amplamente discutido, especialmente em contextos de crise ou de necessidade de ação rápida, e é abordado em livros como *O gestor eficaz* (1990), de Peter Drucker, e nos escritos sobre Jack Welch, ex-CEO da GE.

9. **Liderança Coach:** o conceito de coaching como parte integrante da liderança é explorado por autores como John Whitmore em *Coaching para aprimorar o desempenho* (2012), que destaca como líderes podem agir como coaches para o desenvolvimento contínuo da equipe.

Fontes Inria Sans e Dante MT
Papel Alta Alvura 90 g/m2
Impressão Imprensa da Fé